Schriften des Betriebs-Beraters
Band 27

Das Arbeitszeugnis

von

Hein Schleßmann

Ltd. Regierungsdirektor, Karlsruhe
Lehrbeauftragter an der Universität Freiburg

11., neubearbeitete Auflage 1990

Verlag Recht und Wirtschaft GmbH
Heidelberg

1. Auflage 1961
2. Auflage 1965
3. Auflage 1970
4. Auflage 1973 — ISBN 3-8005-6339-8
5. Auflage 1976 — ISBN 3-8005-6370-3
6. Auflage 1977 — ISBN 3-8005-6392-4
7. Auflage 1980 — ISBN 3-8005-6824-1
8. Auflage 1983 — ISBN 3-8005-6846-2
9. Auflage 1986 — ISBN 3-8005-6862-4
10. Auflage 1988 — ISBN 3-8005-6874-8
11. Auflage 1990 — ISBN 3-8005-6893-4
(35. bis 39. Tausend)

CIP-Titelaufnahme der Deutschen Bibliothek

Schleßmann, Hein:

Das Arbeitszeugnis / von Hein Schleßmann. – 11., neubearb. Aufl., 35.–39. Tsd. – Heidelberg : Verl. Recht und Wirtschaft, 1990

(Schriften des Betriebs-Beraters ; Bd. 27)
Bis 10. Aufl. u.d.T.: Schleßmann, Karl: Das Arbeitszeugnis
ISBN 3-8005-6893-4

NE: GT

ISBN 3-8005-6893-4

Satz und Druck: HVA Grafische Betriebe, 6900 Heidelberg

Buchbinderische Verarbeitung: Progressdruck GmbH, 6720 Speyer

Umschlaggestaltung: Atelier Warminski, 6470 Büdingen

∞ Gedruckt auf säurefreiem, alterungsbeständigen Papier nach ANSI-Norm

Printed in Germany

Vorwort

Das Arbeitszeugnis ist nicht wie ein Schul- oder Prüfungszeugnis ein Dokument von unbestechlicher Wahrheit über Leistung und Können desjenigen, für den das Zeugnis erstellt wird. Es ist oft eine Kompromißlösung, um dem Empfänger das Fortkommen möglichst zu erleichtern. Manchem Aussteller fällt es schwer, das rechte Maß dessen zu treffen, was dem Mittelwert zwischen Wahrheit und Wohlwollen entspricht, ohne sich des Vorwurfes unzulässiger Beschönigung auszusetzen.

Es ist daher versucht worden, aus langjähriger Erfahrung im öffentlichen und privaten Dienst den Weg aufzuzeigen, wie ein Arbeitgeber den Ansprüchen des Berechtigten und den Regeln des Wohlverhaltens bei der Dokumentation erbrachter Leistung gerecht werden kann. Dabei wurden Rechtsprechung und Rechtslehre in dem Umfange aufgezeigt, wie sie aus der arbeitsrechtlichen Fachliteratur der Personalabteilung eines größeren Unternehmens zu entnehmen sind.

Villingen/Schw., im Oktober 1961 *Dr. Karl Schleßmann*

Vorwort zur 11. Auflage

Das Buch wurde aktualisiert, insbesondere unter Einarbeitung der Rechtsprechung (Stand: August 1990).

Die Bedeutung und die Grundsätze des Zeugnisses sind nunmehr zusammengefaßt, im ersten Kapitel gewissermaßen als kompakter „Einstieg“ in das Zeugnisrecht vorangestellt.

Neu sind zeugnisrelevante Ausführungen zu besonderen Beschäftigungsverhältnissen, wie z. B. Job-Sharing, Tätigkeiten in Arbeitsgemeinschaften und vor allem zu dem allgemeinen Weiterbeschäftigungsanspruch.

Erstmals wurde auch das Zeugnisrecht in der DDR ausgeführt.

Die Kapitel über die Frage, ob Krankheiten bzw. Straftaten oder der Tatverdacht im Zeugnis erwähnt werden dürfen, sind neu gefaßt.

Die Ausführungen zur Form des Zeugnisses, vor allem zur sogenannten Schlußformel und zur Zeugnissprache sind wesentlich erweitert. Die Haftungsfragen sind ausführlicher dargestellt, ebenso die „Neue Zeugnisform“ im Hinblick auf ihre praktische Umsetzung.

Die Gliederung wurde etwas umgestellt, um auch mit Hilfe zusätzlicher Überschriften die Teilabschnitte deutlicher abzugrenzen. Die 30 Zeugnismuster im Anhang sind überarbeitet und das Sachregister ist wesentlich erweitert worden.

Möge diese Neuauflage auch weiterhin wertvolle Hilfe für Aussteller und Empfänger geben können.

Karlsruhe, im August 1990 *Hein Schleßmann*

Inhaltsverzeichnis

Abkürzungsverzeichnis

a. A.	anderer Ansicht
a. a. O.	am angegebenen Ort
AFG	Arbeitsförderungsgesetz
AktG	Aktiengesetz
Anm.	Anmerkung
AO	Abgabenordnung
AP	Arbeitsrechtliche Praxis
AR-Blattei	Arbeitsrechts-Blattei
ArbG	Arbeitsgericht
ArbGG	Arbeitsgerichtsgesetz
ASiG	Gesetz über Betriebsärzte, Sicherheitsingenieure und andere Fachkräfte für Arbeitssicherheit
AÜG	Arbeitnehmerüberlassungsgesetz
AuR	Arbeit und Recht (Zeitschrift)
AZO	Arbeitszeitordnung
BAG	Bundesarbeitsgericht
BAT	Bundesangestellten-Tarifvertrag
BB	Betriebs-Berater (Zeitschrift)
BBiG	Berufsbildungsgesetz
BDSG	Bundesdatenschutzgesetz
BetrVG	Betriebsverfassungsgesetz
BGB	Bürgerliches Gesetzbuch
BGBl. I	Bundesgesetzblatt Teil I
BGH	Bundesgerichtshof
BSG	Bundessozialgericht
BVerfG	Bundesverfassungsgericht
BVerwG	Bundesverwaltungsgericht
DB	Der Betrieb (Zeitschrift)
GewO	Gewerbeordnung
GG	Grundgesetz
HandwO	Handwerksordnung
HGB	Handelsgesetzbuch
JArbSchG	Jugendarbeitsschutzgesetz
Kap.	Kapitel
KG	Kammergericht
KSchG	Kündigungsschutzgesetz
LAG	Landesarbeitsgericht
MTV	Manteltarifvertrag
NJW	Neue Juristische Wochenschrift (Zeitschrift)

NZA	Neue Zeitschrift für Arbeits- und Sozialrecht
OLG	Oberlandesgericht
RdA	Recht der Arbeit (Zeitschrift)
SprAuG	Gesetz über Sprecherausschüsse der leitenden Angestellten
StGB	Strafgesetzbuch
StVZO	Straßenverkehrszulassungsordnung
TVG	Tarifvertragsgesetz
ZPO	Zivilprozeßordnung

Literaturverzeichnis

AR-Blattei	Arbeitsrechts-Blattei, Forkel-Verlag, Wiesbaden.
Baumbach/Duden/Hopt	Handelsgesetzbuch, 28. Aufl., 1989, C. H. Beck'sche Verlagsbuchhandlung, München.
Galperin/Löwisch	Kommentar zum BetrVG, Band II, 6. Aufl., 1982, Verlag Recht und Wirtschaft GmbH, Heidelberg.
Gaul	Das Arbeitsrecht im Betrieb, Band II, 8. Auflage, 1986, Verlag Recht und Wirtschaft GmbH, Heidelberg.
Hueck/Nipperdey	Lehrbuch des Arbeitsrechts, Band I, 7. Aufl., 1963, Verlag Franz Vahlen, Berlin.
Landmann/Rohmer (Neumann)	Gewerbeordnung, Band I, 14. Auflage 1989, C. H. Beck'sche Verlagsbuchhandlung, München.
Palandt (Putzo)	Bürgerliches Gesetzbuch 49. Aufl., 1990, C. H. Beck'sche Verlagsbuchhandlung, München.
Schaub	Arbeitsrechts-Handbuch, 6. Aufl., 1987, C. H. Beck'sche Verlagsbuchhandlung, München.

A. Arbeitsbescheinigung

1. Während der Dauer eines Arbeits- oder Beschäftigungsverhältnisses

Häufig werden Arbeitsbescheinigungen gefordert, um mit dem Nachweis einer bestimmten Tätigkeit gewisse Vorteile (z. B. verbilligte Fahrkarten) zu begründen oder Voraussetzungen für ein späteres Studium zu schaffen oder ein Stipendium zu erlangen[1]. Auf die Erteilung solcher Bescheinigungen besteht ein Rechtsanspruch, der sich aus der Treue- und Fürsorgepflicht des Arbeitgebers ableiten läßt. Je nach der Zweckbestimmung der Bescheinigung kann auch eine Angabe über die Höhe des Arbeitsentgelts erforderlich sein.

Solche Bescheinigungen müssen objektiv richtig sein; auf Berichtigung kann geklagt werden[2].

2. Nach Beendigung eines Arbeits- oder Beschäftigungsverhältnisses

Dies gilt ohne Einschränkung auch nach dem Ausscheiden aus dem Dienst des Arbeitgebers, wenn auch in solchen Fällen die Form des einfachen Zeugnisses (vgl. B VI. 1) zweckmäßiger wäre.

3. Arbeitsbescheinigung nach § 133 AFG

Für Arbeitnehmer, die der Arbeitslosenversicherung unterliegen, besteht ein besonderer Anspruch auf Erteilung einer Arbeitsbescheinigung, wenn das Arbeits- bzw. Beschäftigungsverhältnis beendet wird, um den Anspruch auf Arbeitslosengeld geltend machen zu können. Nach § 133 AFG ist der Arbeitgeber verpflichtet, eine Bescheinigung unter Verwendung eines von der Bundesanstalt vorgesehenen Vordrucks (Arbeitsbescheinigung) auszustellen. Hierbei sind Art der Tätigkeit, Beginn, Unterbrechungen, Ende und Grund für die Beendigung des Beschäftigungsverhältnisses sowie das Arbeitsentgelt und etwaige sonstige Leistungen (Abfindung, Entschädigung) anzugeben.

Diese öffentlich-rechtliche Verpflichtung des Arbeitgebers ist zugleich Ausfluß nachwirkender Fürsorgepflicht und kann auch vom betroffenen Arbeitnehmer auf dem Rechtsweg verfolgt werden[3]. Es

---

1 *Hueck/Nipperdey,* a.a.O., S. 470 Anm. 51.

2 Wie Anm. 1; zu den sonstigen Arbeitspapieren: vgl. *Becker-Schaffner,* DB 1983 S. 1304.

3 Vgl. auch *Knipp,* AR-Blattei „Die Arbeitsbescheinigung“.

handelt sich dabei um eine öffentlich-rechtliche Pflicht des Arbeitgebers dem Arbeitsamt gegenüber. Bei vorsätzlicher oder fahrlässiger Verletzung dieser Verpflichtung besteht ein Schadensersatzanspruch der Bundesanstalt für Arbeit gemäß § 145 Nr. 1 AFG[4], es sei denn, eine *nicht* dem § 133 AFG entsprechende Frage wurde fahrlässig unrichtig beantwortet[5]. Daneben kann eine Geldbuße verhängt werden, wenn schuldhaft die Arbeitsbescheinigung nicht, nicht richtig oder nicht vollständig erteilt wird (§ 230 Abs. 1 Ziff. 4 AFG).

Art und Dauer des Arbeitsverhältnisses sind auch Inhalt des sogenannten einfachen Zeugnisses entsprechend den unter Abschnitt B VI. 1 zu behandelnden Voraussetzungen. Doch werden hinsichtlich der Angaben über Art der Tätigkeit nicht die gleichen strengen Anforderungen wie an die entsprechenden Angaben im Zeugnis zu stellen sein, da für die Höhe des Arbeitslosengeldes diffizile Angaben über die Qualifikation der Stellung des Arbeitslosen nicht erforderlich sind. Die Bescheinigung dient nicht dem Fortkommen des früheren Arbeitnehmers im Berufsleben, sondern nur als Grundlage für die Gewährung der staatlichen Mittel zur Sicherung des nötigen Unterhaltes.

Darüber hinaus ist der *Lösungsgrund* anzugeben. Hierüber kann gelegentlich Streit entstehen. Nach § 119 Abs. 1 AFG wird das Arbeitslosengeld für eine bestimmte Zeit gesperrt[6], wenn der Arbeitslose das Beschäftigungsverhältnis gelöst hat oder durch ein arbeitsvertragswidriges Verhalten Anlaß für die Lösung des Beschäftigungsverhältnisses gegeben und dadurch vorsätzlich oder grob fahrlässig die Arbeitslosigkeit herbeigeführt hat, ohne für sein Verhalten einen wichtigen Grund zu haben.

Bei unrichtigen Angaben ist der Arbeitgeber, wenn ihn ein Verschulden trifft, dem Arbeitnehmer zum Schadenersatz verpflichtet[7].

Man erkennt hieraus, welche Bedeutung die Erklärung des Arbeitgebers über den Lösungsgrund hat und welches berechtigte Interesse des Arbeitnehmers daran besteht, daß die Darstellung des Arbeitgebers gerichtlich geprüft werden kann, wenn sie zum Nachteil des Arbeitnehmers nicht oder nicht ganz der Wahrheit entspricht oder zweideutig ist.

---

4 *LAG Hamm*, 26. 9. 1985, DB 1986 S. 128. Der Anspruch verjährt nach 3 Jahren, vgl. *BSG*, 20. 10. 1983, DB 1984 S. 938.
5 *BSG*, 11. 1. 1989, BB 1989 S. 1126 = NZA 1989 S. 535.
6 Bis 31. 12. 1995 beträgt die Sperrfrist nicht 8, sondern 12 Wochen (§ 119 a AFG).
7 *ArbG Wetzlar*, 6. 1. 1976, BB 1976 S. 978.

Die Regelungen über die Ausstellung und den Inhalt der Arbeitsbescheinigung sind dem öffentlichen Recht zugeordnet; das *BAG* hat die umstrittene Frage des Gerichtsstandes dahingehend beantwortet, daß bei Streitigkeiten nicht die Arbeits-, sondern die Sozialgerichte zuständig sind[8].

4. Zeitpunkt der Ausstellung

Die dem Arbeitnehmer auszuhändigende Bescheinigung ist erst nach der *tatsächlichen Beendigung* des Arbeitsverhältnisses geboten. Dies ist im Gegensatz zur Pflicht, ein Zeugnis zu erteilen, wesentlich. Der Begriff der tatsächlichen Beendigung ist indes nicht allzu eng auszulegen. So ist es unerheblich, ob der Arbeitnehmer bis zum Auslauf der Kündigungsfrist *beurlaubt* wurde. Entscheidend ist allein, bis zu welchem Zeitpunkt die Bezüge gewährt werden. Andererseits ist bei einem Ausscheiden des Arbeitnehmers unter *Arbeitsvertragsbruch* der Tag maßgebend, vor oder an dem er zuletzt gearbeitet hat.

5. Arbeitsbescheinigung kein Ersatz für das Zeugnis

Die Arbeitsbescheinigung dient der behördlichen Ermittlung des Arbeitslosengeldes nach Höhe und Zeitpunkt der Gewährung und nicht wie das Zeugnis als Grundlage für die Arbeitssuche bei einem anderen Arbeitgeber; sie ist also kein Zeugnisersatz.

Eine Verwechslung mit dem einfachen Zeugnis sollte auch sprachlich ausgeschlossen sein[9]. Die Arbeitsbescheinigung hat eine gänzlich andere Rechtsgrundlage als das „einfache“ Arbeitszeugnis.

---

8 *BAG*, 13. 7. 1988, BB 1989 S. 636 (nur Leitsatz).
9 Z. B. *BAG*, 16. 9. 1974, BB 1975 S. 136 = NJW 1975 S. 407.

B. Arbeitszeugnis

I. Bedeutung und Grundsätze

Die Arbeitsbescheinigung (Abschnitt A 3) hat nur Zeitwert; sie dient dem Nachweis eines Beschäftigungsverhältnisses zur Erlangung des Arbeitslosengeldes für die Dauer einer Arbeitslosigkeit; sie verliert ihre Bedeutung, wenn ein neues Arbeitsverhältnis begründet wird. Das *Zeugnis* ist dagegen für alle Zukunft der *bleibende Nachweis* für die Tätigkeit innerhalb des bescheinigten Zeitraums und erfüllt dabei eine Doppelfunktion – es ist für den Arbeitnehmer wie auch für den Arbeitgeber, bei dem er sich um einen neuen Arbeitsplatz bewirbt, von besonderer Bedeutung[1].

1. Bedeutung für den Arbeitnehmer

Da der Arbeitnehmer bei Beendigung des Arbeitsverhältnisses (aus welchen Gründen und auf welche Art auch immer) die Ausstellung des Zeugnisses verlangen kann, erhält er zunächst eine Analyse seiner Tätigkeit und einen Maßstab, wie er beurteilt wird[2], die von hohem persönlichen Wert sind. In dieser Analyse erschöpft sich jedoch die Bedeutung des Zeugnisses für ihn nicht; denn die Kenntnis über seine betriebliche Einschätzung hat er schon vorher erhalten (oder erhalten können), falls das betriebsinterne Mitarbeiter-Beurteilungsverfahren durchgeführt oder die Beurteilung gem. § 82 BetrVG verlangt wurde.

Das Zeugnis dient darüber hinaus vor allem als Dokument für seine Bewerbung um einen neuen Arbeitsplatz; es ist ein wichtiger Faktor in seinem Arbeitsleben, insbesondere für das berufliche Weiterkommen, da das Zeugnis einen wesentlichen Bestandteil der Bewerbungsunterlagen darstellt. Viele Firmen stellen deshalb schon von sich aus und bevor es beantragt wird ein Zeugnis aus und übergeben es mit den übrigen Arbeitspapieren (bei Arbeitnehmern in gehobeneren Positionen mit guter Beurteilung als qualifiziertes, im übrigen als einfaches Zeugnis). Wegen dieser Bedeutung hat der Arbeitnehmer natürlich ein hohes Interesse an einer für ihn günstigen Abfassung des Zeugnisses, um für sich und seine Arbeitsleistung auf dem Arbeitsmarkt werben zu können. Zugleich ist der Arbeitgeber auf-

1 Vgl. *Schleßmann*, BB 1988 S. 1320 ff.
2 *BAG*, 8. 2. 1972, BB 1972 S. 618.

grund seiner bestehenden oder nachwirkenden Fürsorgepflicht[3] bzw. – wie es der *BGH* ausdrückt – seiner auch über das Ende des Dienstverhältnisses hinausweisenden „sozialen Mitverantwortung“[4] verpflichtet, das Zeugnis mit verständigem Wohlwollen abzufassen, um dem Arbeitnehmer das weitere berufliche Fortkommen nicht ungerechtfertigt zu erschweren[5] und um ihm noch eine Chance auf dem Arbeitsmarkt zu geben (vgl. Kap. VI. 2. f).

Dieser Grundsatz des Wohlwollens bedeutet aber nicht, alle negativen Vorfälle und Eigenschaften im Zeugnis zu beschönigen oder wegzulassen, um reine Gefälligkeitszeugnisse auszustellen (diese Gefahr besteht allerdings dann, wenn der Arbeitgeber den Beschäftigten „wegloben“ oder Streitigkeiten mit ihm vermeiden will) – dies würde einem weiteren Grundsatz des Zeugnisrechts widersprechen, der sich aus der Bedeutung des Zeugnisses für den neuen Arbeitgeber ergibt.

2. Bedeutung für den neuen Arbeitgeber

Obgleich Arbeitgeber bei Bewerbungen stets Zeugnisse verlangen, besteht in der betrieblichen Praxis keine einheitliche Auffassung über den Stellenwert von vorgelegten Zeugnissen bei der Personalauswahl. Dies hängt sicherlich einmal von der Qualität des Zeugnisschreibers und von dem Renommee seiner Firma ab und zum anderen von der Überzeugung des neuen Arbeitgebers über den Informationsgehalt eines vorgelegten Zeugnisses

Eine Übereinstimmung läßt sich aber in folgendem feststellen: Bei der Besetzung von einfachsten und untergeordneten Arbeitsplätzen spielt das Zeugnis eine geringere Rolle, je höherrangig der zu besetzende Posten ist, desto größere Bedeutung wird Zeugnissen beigemessen, bei Spitzenkräften nimmt die Bedeutung wieder ab. Vor allem bei der *Vor*auswahl der Bewerber und der Frage, wer zum Vorstellungsgespräch gebeten wird, spielt das Zeugnis eine entscheidungserheblichere Rolle als alle anderen Bewerbungsunterlagen, da es zu diesem Zeitpunkt die einzige Informationsquelle darstellt, die nicht vom Bewerber selbst, sondern von einem Dritten stammt. Da das Zeugnis also Grundlage für die Entscheidung über die Einstellung des Arbeitnehmers ist, schafft es insoweit einen Vertrauenstat-

3 *BAG*, 23. 6. 1960, BB 1960 S. 983 (Teilabdruck).
4 *BGH*, 15. 5. 1979, BB 1980 S. 779.
5 *BGH*, wie Anm. 4.

bestand[6], es erfüllt eine Warnfunktion (Schutz vor übereilten Einstellungsentscheidungen[7]).

Um die Aussagekraft und Verwertbarkeit zu erreichen, um also das Zeugnis nicht seiner Bedeutung zu berauben und nicht nutzlos werden zu lassen, ist Voraussetzung, daß das Zeugnis wahr ist und alle wesentlichen Tatsachen und Bewertungen enthält, die für die Gesamtbeurteilung des Arbeitnehmers von Bedeutung sind und an denen ein künftiger Arbeitgeber ein berechtiges und verständiges Interesse haben kann[8] (Wahrheits- und Vollständigkeitsgebot). Nur wenn der Zeugnisinhalt der Wahrheit entspricht, hat es den erforderlichen Informationswert (vgl. Kap. VI. 2.d).

3. Wahrheit vor Wohlwollen

Diese beiden Grundsätze „Wahrheit und Wohlwollen" schließen sich nicht aus, sie begrenzen sich gegenseitig, aber dem Gebot der Wahrheit ist Priorität eingeräumt[9]; oberster Grundsatz ist, daß der Inhalt des Zeugnisses wahr sein muß, also: Wahrheit *vor* Wohlwollen (vgl. Kap. VI. 2. f).

Verfehlt ist also die schonungslose, gnadenlose Wahrheit, die den Aussteller sogar zum Schadensersatz verpflichten kann, falls dem Arbeitnehmer mit einem derart abgefaßten Zeugnis eine berufliche Chance entgeht – verfehlt ist auch die reine Wohlgefälligkeit, die ebenfalls zum Schadensersatz führen kann, falls der neue Arbeitgeber durch eine bewußte Unrichtigkeit im Zeugnis einen Schaden erleidet (vgl. Kap. X).

Es ist schwierig, zwischen dem Gebot der Wahrheit und dem Wunsch nach Wohlwollen die unterschiedlichen Interessen miteinander in Einklang zu bringen, dies ist oft eine Wanderung auf schmalem Grat; wird noch berücksichtigt, daß im Zeugnis verkehrsübliche Angaben und Formulierungen erwartet werden (vgl. Kap. VII. 4), so wird deutlich, welche Schwierigkeiten auf den Zeugnisaussteller zukommen und welche Verantwortung ihn trifft, zumal das Zeugnis gerade in Zeiten schlechterer Arbeitsmarktlage für Arbeitnehmer von schicksalhafter Bedeutung sein kann.

---

6 *OLG Frankfurt*, 24. 11. 1982 – 9 U 87/80.
7 *LAG Düsseldorf*, 22. 1. 1988, BB 1988 S. 1463.
8 *BAG*, 5. 8. 1976, BB 1977 S. 297 (Teilabdruck).
9 Grundlegend: *BAG*, wie Anm. 3 und *BGH*, 26. 11. 1963, DB 1964 S. 517.

4. Bedeutung für den Zeugnis-Aussteller

Wie oben ausgeführt wurde, ist das Zeugnis für die berufliche Entwicklung von hohem Wert. Bei weiteren Arbeitsverhältnissen bleibt die dokumentarische Bedeutung erhalten; das Bild des beurteilten Menschen wird mitgeformt. Daraus ergibt sich die Verpflichtung für den Arbeitgeber (und den mit der Abfassung von Zeugnissen bestellten Personenkreis) zur großen Sorgfalt bei den Formulierungen.

Aus den tatsächlichen Angaben muß klar erkennbar sein, was für den neuen Arbeitgeber wesentlich ist; das ist in erster Linie die zweifelsfreie Bestätigung der bisher ausgeübten Tätigkeit; deren ausführliche Darstellung kann wichtiger sein als ein qualifiziertes Zeugnis.

Gewisse graduelle Differenzierungen werden je nach Vor- und Ausbildung der berufskundlichen Grundlagen bei der Darstellung des beurteilten Menschen zutage treten. Man kann einfache Tätigkeiten nur einfach darstellen. Komplizierte Funktionen ergeben sich aus der Vielgestaltigkeit des Wirtschaftslebens. Hier genügen nicht lapidare Formulierungen, die aus Bequemlichkeit oder aus Unvermögen der mit der Abfassung betrauten Personen nichtssagende Füllsel sind, die dem Prüfer von Bewerbungsunterlagen keine Auskunft geben. Man muß sich aus Achtung vor dem Menschen zu sorgfältiger Darstellung der Persönlichkeit des zu beurteilenden Betriebsangehörigen verpflichtet fühlen. Nur so kann der Gesetzesauftrag in § 630 BGB und den analogen Bestimmungen erfüllt werden. Der Rechtscharakter des Arbeitszeugnisses verpflichtet auch wegen der Haftung des Ausstellers (vgl. Kap. X) zu besonderer Sorgfalt.

Für den ausstellenden Arbeitgeber hat das Zeugnis insofern noch Bedeutung, als er sich bei weiteren Rechtshandlungen nicht in Widerspruch zu der Beurteilung des Arbeitnehmers setzen darf – so ist die fristlose Kündigung wenige Tage nach Ausstellung eines ausnahmslos positiven Zeugnisses wegen Rechtsmißbrauchs unwirksam[10]; wenn der Arbeitnehmer im Zeugnis als ehrlicher und gewissenhafter Mitarbeiter bezeichnet wird, so kann der Arbeitgeber einen zuvor festgestellten Fehlbetrag mangels entgegenstehenden Vorbehalts nicht mehr geltend machen, die Mankohaftung des Arbeitnehmers enfällt[11].

---

10 *LAG Bremen*, 22. 11. 1983, BB 1984 S. 473.
11 *BAG*, 8. 2. 1972, BB 1972 S. 618.

II. Anspruchsberechtigte Personen

Sämtliche Arbeitnehmer, arbeitnehmerähnliche und im Ausbildungsverhältnis stehende Personen haben einen Rechtsanspruch auf Ausstellung des Zeugnisses (in der Privatwirtschaft als „Arbeitszeugnis" bzw. „Ausbildungszeugnis", bei Beamten als „Dienstzeugnis" bezeichnet). Die gesetzlichen Zeugnisvorschriften in Verbindung mit tarifvertraglichen Regelungen, die teilweise eine detailliertere Ausgestaltung des Zeugnisanspruchs enthalten, erfassen alle Personen, die persönlich abhängig, im wesentlichen unselbständig und sozial schutzbedürftig sind. Keinen Zeugnisanspruch haben demgemäß Personen, die nicht dienst- oder arbeitsvertraglich, sondern etwa werkvertraglich oder gesellschaftsrechtlich miteinander verbunden sind.

1. Allgemeine gesetzliche Grundlage

Die allgemeine Regel für Dienst- und Arbeitsverhältnisse aller Art enthält **§ 630 BGB:**

*„Bei der Beendigung eines dauernden Dienstverhältnisses kann der Verpflichtete (***Arbeitnehmer***) von dem anderen Teil (***Arbeitgeber***) ein schriftliches Zeugnis über das Dienstverhältnis und dessen Dauer fordern. Das Zeugnis ist auf Verlangen auf die Leistungen und die Führung im Dienst zu erstrecken."*

Bei kaufmännischen und gewerblichen Arbeitnehmern gelten im wesentlichen gleiche Regelungen, nur ist von dem Erfordernis eines dauernden Dienstverhältnisses abgesehen worden[1].

Für *kirchliche* Mitarbeiter, für die staatliches Arbeitsrecht Anwendung findet[2], gelten diese allgemeinen und die folgenden Zeugnisvorschriften, sofern keine kirchlichen Sonderbestimmungen bestehen.

2. Gewerbliche Arbeiter

§ 113 GewO lautet:

„(1) Beim Abgang können die Arbeitnehmer ein Zeugnis über die Art und Dauer ihrer Beschäftigung fordern.

(2) Dieses Zeugnis ist auf Verlangen der Arbeitnehmer auch auf ihre Führung und ihre Leistungen auszudehnen.

---

1 Ähnlich auch die Zeugnisvorschrift in § 18 Entwicklungshelfergesetz.

2 Vgl. *BVerfG*, 4. 6. 1985, BB 1985 S. 1600 = NJW 1986 S. 367.

(3) Den Arbeitgebern ist untersagt, die Zeugnisse mit Merkmalen zu versehen, welche den Zweck haben, den Arbeitnehmer in einer aus dem Wortlaute des Zeugnisses nicht ersichtlichen Weise zu kennzeichnen.

(4) Ist der Arbeitnehmer minderjährig, so kann das Zeugnis von dem gesetzlichen Vertreter gefordert werden. Dieser kann verlangen, daß das Zeugnis an ihn, nicht an den Minderjährigen ausgehändigt werde. Mit Genehmigung der Gemeindebehörde des im § 108 bezeichneten Ortes kann auch gegen den Willen des gesetzlichen Vertreters die Aushändigung unmittelbar an den Arbeitnehmer erfolgen."

Diese Vorschrift gilt auch für *Bergleute* sowie *Besatzungsmitglieder* der Binnen- und Seeschiffahrt[3].

Zu den „Merkmalen" in § 113 Abs. 3 GewO vgl. Kap. VII. 1.

Der im Jahre 1891 zwecks Stärkung der elterlichen Autorität eingefügte Abs. 4 in § 113 GewO ist als Sondervorschrift nicht bei den anderen Zeugnisvorschriften entsprechend anwendbar; ist der Minderjährige Auszubildender, so erhält er auch ohne Antrag ein Zeugnis (siehe unter Ziffer 5), im übrigen ist er hinsichtlich des Zeugnisanspruchs unbeschränkt geschäftsfähig (§ 113 BGB). Verlangt aber der gesetzliche Vertreter die Übergabe des Zeugnisses an sich selbst, so entfällt der Anspruch des Minderjährigen.

3. Technische (gewerbliche) Angestellte

Die Zeugniserteilung für die technischen Angestellten in der gewerblichen Wirtschaft richtet sich wie bei den gewerblichen Arbeitern nach der allgemeinen, für alle gewerblichen Arbeitnehmer geltenden Vorschrift des § 113 GewO. Ausgenommen sind gem. § 154 Abs. 1 Nr. 1 GewO die Gehilfen und Lehrlinge in *Apotheken,* die den vorgeschriebenen Bildungsgang durchgemacht bzw. durchzuführen haben und in der Apotheke mit der Zubereitung bzw. Abgabe von Arzneien beschäftigt sind; für sie gilt § 73 HGB bzw. § 8 BBiG.

Hier wäre anzufügen, daß es für den Begriff des technischen Angestellten auf dessen Tätigkeit und Stellung im Betrieb, nicht aber auf Vorbildung ankommt, so daß Ingenieure im Verkauf oder in einer

3 Für Seeleute im tarifgebundenen Heuerverhältnis ist darüber hinaus durch MTV vorgesehen, daß ihnen bereits bei jedem Schiffswechsel auf Wunsch ein Zeugnis auszustellen ist; hiervon unberührt bleibt die Pflicht, vor der Abmusterung Art und Dauer der geleisteten Schiffsdienste im Seefahrtsbuch zu bescheinigen (§ 19 Seemannsgesetz).

sonstigen Verwaltungsabteilung eines Betriebes nicht als technische Angestellte anzusprechen sind. Andererseits ist allerdings die Tätigkeit in einer modernen Arbeitsvorbereitung (einschließlich Zeitstudienabteilung) als technische Funktion aufzufassen. In jedem Fall ist auf die Dauerhaftigkeit des erteilten Arbeitsauftrags abzustellen, so daß vorübergehend andersartige Tätigkeiten nicht ausschlaggebend sind.

4. Kaufmännische Angestellte

Hinsichtlich der Zeugniserteilung für Handlungsgehilfen (kaufmännische Angestellte) enthält **§ 73 HGB** folgende Regelung:

„Bei der Beendigung des Dienstverhältnisses kann der Handlungsgehilfe ein schriftliches Zeugnis über die Art und Dauer der Beschäftigung fordern. Das Zeugnis ist auf Verlangen des Handlungsgehilfen auch auf die Führung und die Leistungen auszudehnen."

5. Berufsausbildungsverhältnisse

a) Auszubildende

Mit dem Berufsbildungsgesetz sind das Ausbildungswesen vereinheitlicht und die unterschiedlichen Regelungen für kaufmännische, gewerbliche und handwerkliche Lehrlinge im HGB, GewO und HandwO aufgehoben worden. Zugleich wurde der Umfang der Berufs- und Weiterbildung erweitert. Das Gesetz unterscheidet dabei die eigentliche Berufsbildung – bisheriges Lehrlingswesen –, die berufliche Fortbildung und die berufliche Umschulung. In § 1 BBiG ist eine Interpretation dieser drei Gruppen Berufsbildung gegeben.

Für alle drei Gruppen gilt hinsichtlich der Zeugniserteilung nunmehr § 8 BBiG, der folgendermaßen lautet:

„(1) Der Ausbildende (bisher Lehrherr) *hat dem Auszubildenden* (bisher Lehrling im engeren Sinne, aber auch solche, die sich beruflich fortbilden und umschulen lassen) *bei Beendigung des Berufsausbildungsverhältnisses ein Zeugnis auszustellen. Hat der Ausbildende die Berufsausbildung nicht selbst durchgeführt, so soll auch der Ausbilder das Zeugnis unterschreiben.*

(2) Das Zeugnis muß Angaben enthalten über Art, Dauer und Ziel der Berufsausbildung sowie über die erworbenen Fertigkeiten und Kenntnisse des Auszubildenden. Auf Verlangen des Auszubildenden sind auch Angaben über Führung, Leistung und besondere fachliche Fähigkeiten aufzunehmen."

In diese Neuregelung sind alle Arten von Lehrverhältnissen einbezogen.

b) Volontäre und Praktikanten

Für Volontäre und Praktikanten, die nur eingestellt werden, um berufliche Kenntnisse, Fertigkeiten und Erfahrungen zu erwerben, ohne daß ein Arbeitsverhältnis begründet wird, gilt die Bestimmung über die Erteilung eines Zeugnisses entsprechend (§ 19 BBiG).

Volontäre

Ein Volontärverhältnis (vgl. § 82 a HGB) liegt vor, wenn jemand zu seiner Ausbildung im Dienste eines anderen beschäftigt wird, ohne daß damit eine vollständige und abgeschlossene Fachausbildung beabsichtigt ist und ohne daß echter Lohn gezahlt wird. Der Volontär hat mit dem Auszubildenden manches gemeinsam, unterscheidet sich von ihm aber wesentlich dadurch, daß er kein echtes Entgelt (Ausbildungsvergütung) und keine abschließende Ausbildung erhält. Die rechtlichen Beziehungen zwischen dem Arbeitgeber und ihm regeln sich nach den allgemeinen Bestimmungen.

Praktikanten

Überwiegend zur Vorbereitung auf ein technisches Studium wird für manche Berufszweige entsprechend den Richtlinien der Hochschulen ein sogenanntes Vorpraktikum von sechs Monaten und während des Studiums eine weitere sechsmonatige praktische Tätigkeit (Fachpraxis) gefordert, bevor eine Immatrikulation oder eine Zulassung zur Diplom-Hauptprüfung erfolgen kann. Ähnliche Regelungen finden sich bei dem Studium der Betriebswirtschaft und zur Vorbereitung auf den Beruf des Gewerbelehrers. Nach Abschluß der Praktikantenzeit wird ein Praktikanten-Zeugnis ausgestellt, im wesentlichen also bescheinigt, in welcher Zeitspanne die Unterweisung in den entsprechenden Abteilungen (nach den Hochschulvorschriften im einzelnen vorgeschrieben) stattgefunden hat[4]. Eine Bewertung der Tätigkeiten findet in aller Regel nicht statt.

Werkstudenten sind keine Praktikanten im engeren Sinne. Ihnen geht es nicht um Ausbildung und Tätigkeitsnachweis, sondern um Geldverdienen und Finanzierung des Studiums. Sie sind daher wie andere Arbeitnehmer im befristeten Arbeitsverhältnis zu behandeln (vgl. hierüber Abschnitt III. 2). Sofern sie als gewerbliche Arbeiter

4 Vgl. *Schmidt,* AR-Blattei „Volontär und Praktikant“ unter F 10; siehe auch *Scherer,* NZA 1986 S. 280.

tätig sind, gelten für die Zeugniserteilung § 113 GewO, sonst § 630 BGB; nur in Ausnahmefällen wird § 73 HGB die rechtliche Grundlage bieten.

6. Leitende Angestellte

Im Rahmen der Betriebsverfassung enthält § 5 Abs. 3 BetrVG eine Klarstellung, welcher Personenkreis in einem Betrieb zu den leitenden Angestellten zu rechnen ist. Hinsichtlich Ziff. 1 hat das Bundesarbeitsgericht[5] präzisiert, daß zur Befugnis einer selbständigen Einstellung und Entlassung von Arbeitnehmern nicht nur der Vollzug unternehmerischer Entscheidungen gehört. Darüber hinaus muß der mit solchen Befugnissen ausgestattete Angestellte auch im *Innenverhältnis* gegenüber dem Arbeitgeber selbständig solche Personalmaßnahmen treffen dürfen. Seine *Leitungsbefugnis* muß deutlich zum Ausdruck kommen.

Zur zweiten Gruppe von Angestellten, auf die das Betriebsverfassungsgesetz keine Anwendung findet und die somit zu dem Begriff des leitenden Angestellten gehört, sind *Generalbevollmächtigte* und *Prokuristen* zu zählen, wobei die Prokura auch im Verhältnis zum Arbeitgeber nicht unbedeutend sein darf.

Eine dritte Gruppe von leitenden Angestellten umfaßt solche Betriebsangehörige, die im wesentlichen *eigenverantwortliche Aufgaben* wahrnehmen, die ihnen regelmäßig wegen deren Bedeutung für den *Bestand* und die *Entwicklung* des *Betriebs* im Hinblick auf besondere Erfahrungen und Kenntnisse übertragen werden – hierzu enthält der Abs. 4 des § 5 BetrVG Auslegungsregeln.

Die leitenden Angestellten der vorgenannten Art haben selbstverständlich einen auf § 630 BGB beruhenden Anspruch auf Ausstellung eines Arbeits-(Dienst-)Zeugnisses.

7. Organmitglieder

Die gesetzlichen Vertreter einer juristischen Person (Aktiengesellschaft, Kommanditgesellschaft auf Aktien, Gesellschaft mit beschränkter Haftung, bergrechtliche Gewerkschaft) üben Arbeitgeber-Funktionen aus; sie gehören nicht zu der Kategorie der Arbeitnehmer, auch nicht zu den leitenden Angestellten. Es fragt sich, ob § 630 BGB, in die Vorschriften über den Dienstvertrag eingebettet, für diesen Personenkreis anwendbar ist. Der Dienstver-

5 *BAG,* 11. 3. 1982, BB 1982 S. 1729.

trag im Sinne der §§ 611 ff. BGB setzt in aller Regel ein abhängiges Rechtsverhältnis voraus.

Zweifellos übt der Organvertreter eine eigenverantwortliche Tätigkeit aus; es können aber auch bei ihm gewisse Elemente aus abhängigen Dienstverhältnissen vorhanden sein. So vor allem beim GmbH-Geschäftsführer – den Rahmen seiner Selbständigkeit und seines Verantwortungsbereichs steckt der die gesetzlichen Vorschriften ergänzende Anstellungsvertrag ab. Die Regelung des sachlichen Umfangs der Geschäftsführungsbefugnis ermöglicht Varianten, die von einer weisungsfreien Geschäftsführung bis zu einer durchgehend weisungsgebundenen reichen. Ein abhängiges Beschäftigungsverhältnis liegt nicht vor (und demgemäß besteht kein Zeugnisanspruch), wenn der Geschäftsführer 50 % und mehr der Geschäftsanteile besitzt oder eine solche Mehrheit repräsentiert. Ein Nichtgesellschafter als GmbH-Geschäftsführer ist grundsätzlich anspruchsberechtigt[6], aber auch bei ihm können die Verhältnisse so liegen, daß eine abhängige Beschäftigung nicht zu bejahen ist, wenn er etwa bei einer Familiengesellschaft mit den Gesellschaftern familiär verbunden ist und aufgrund der verwandtschaftlichen Beziehungen faktisch wie ein Alleininhaber die Geschäfte führt[7]. Es kommt auf die jeweiligen Gesamtumstände an.

8. Arbeitnehmerähnliche Personen

Der Begriff „arbeitnehmerähnlich" (vgl. § 5 ArbGG) bringt die wirtschaftliche Abhängigkeit von dem Betriebsinhaber zum Ausdruck. Doch fehlt für die Begründung der Arbeitnehmer-Eigenschaft die Eingliederung in den Betrieb, so daß solche Personen bei der Gestaltung ihrer Tätigkeit frei und nicht an Weisungen gebunden sind, zum Beispiel die in *Heimarbeit* Beschäftigten. Für diesen Personenkreis gilt § 630 BGB.

Ob auch der *Handelsvertreter* einen Zeugnisanspruch geltend machen kann, hängt entscheidend davon ab, ob er als arbeitnehmerähnliche Person anzusprechen, somit wirtschaftlich abhängig ist (vgl. § 84 Abs. 2 HGB). Solchen Handelsvertretern muß ein Zeugnisanspruch voll zuerkannt werden; das gilt auch für den sogenannten Einfirmenvertreter gemäß § 92 a HGB (vgl. auch § 5 Abs. 3 ArbGG). Aber auch bei anderen, wirtschaftlich nicht voll gesicherten Berufstätigen kann ein Zeugnis nicht versagt werden, um ihnen

6 *KG*, 6. 11. 1978, BB 1979 S. 988; *BGH*, 9. 11. 1967, BB 1967 S. 1394; *Palandt (Putzo)*, a.a.O., § 630 Anm. 1.
7 *BSG*, 8. 12. 1987, BB 1989 S. 72.

bei der Suche nach einem Arbeitsverhältnis eine Stütze geben zu können. Doch ist dies lediglich ein sozialer Gesichtspunkt; ein selbständiger Handelsvertreter ist ein Kaufmann und kein Arbeitnehmer; die einschlägigen Vorschriften im Handelsvertreterrecht (§§ 84 ff. HGB) statuieren keinen Zeugnisanspruch[8].

Ist der Handelsvertreter eine *juristische Person*, dann versagen alle Gesichtspunkte aus §§ 611 ff. BGB. Ein Zeugnisanspruch ist daher zu verneinen. Insoweit müßte zur Anbahnung neuer Geschäftsbeziehungen eine Bescheinigung über Art und Umfang der Interessenvertretung ausreichend sein. Doch erscheint es zweifelhaft, ob auf die Erteilung einer solchen Bescheinigung ein echter Rechtsanspruch besteht. Denn § 630 BGB will der in einem Arbeitsverhältnis stehenden *natürlichen Person* für ihr persönliches Fortkommen eine Hilfe vermitteln. Dieser persönliche Gesichtspunkt fehlt bei juristischen Personen.

9. Sonstige Personen

Außer den bisher genannten Werksangehörigen gibt es verschiedenartig am Betriebsgeschehen mitwirkende Personen, die weder Arbeitnehmer sind, noch zu den „arbeitnehmerähnlichen" Personen nach § 5 Abs. 1 Satz 2 ArbGG zählen.

Ob ein *Werks-* oder *Betriebsarzt* Dienstverpflichteter ist und somit einen Zeugnisanspruch hat, richtet sich nach dem mit ihm aufgrund des Gesetzes über Betriebsärzte, Sicherheitsingenieure und andere Fachkräfte für Arbeitssicherheit (ASiG) abgeschlossenen Vertrages. Je nach Betriebsart und -größe kann es sich um einen hauptamtlich, in den Betrieb eingegliederten Beschäftigten oder um einen nebenberuflich tätigen Arzt handeln[9]. Sind dem Betriebsarzt auch alle Einstellungsuntersuchungen und die Gesundheitsüberwachung aller Belegschaftsmitglieder oder von Gruppen, einschließlich aller Jugendlichen gemäß §§ 32 ff. JArbSchG übertragen, so liegt in diesen Dienstbeziehungen zum Arbeitgeber auch ein Anspruch auf ein Zeugnis gemäß § 630 BGB begründet.

Bei überbetrieblichen Diensten gemäß § 19 ASiG kommt es auf den Inhalt der Vereinbarungen an, ob und welcher Arbeitgeber dienstvertraglich zur Erstellung eines Zeugnisses verpflichtet ist. Im allgemeinen wird eine Bindung an einen bestimmten Arbeitgeber nicht gegeben sein, so daß auch im Wege einer Analogie eine Zeugnispflicht nicht manipuliert werden kann.

8 *OLG Celle*, 23. 5. 1967, BB 1967 S. 775; *Palandt (Putzo),* a.a.O., § 630 Anm. 1.
9 Siehe hierzu *LAG München* 2. 8. 1984, NJW 1985 S. 696 (nur Leitsatz).

Angestellte Ärzte in betrieblichen Kranken- und Erholungsanstalten und sonstigen Sozialeinrichtungen, in Labors der Arznei- und Lebensmittelbranche usw. sind Dienstverpflichtete entsprechend §§ 611 ff. BGB.

Freie Mitarbeiter sind nicht weisungsgebunden und von dem Arbeitgeber nicht persönlich abhängig, so daß die Vorschriften der §§ 611 ff. BGB nicht anwendbar sind. Bei einem nicht mit dem Unternehmer durch Arbeitsvertrag verbundenen *Erfinder* wird die Rechtslage allerdings dann zweifelhaft, wenn dieser, nur auf Lizenzgebühren angewiesen, den wesentlichen Teil seiner Arbeitskraft in den Dienst der Firma stellt, die seine Erfindung auswertet. Dann liegt ein arbeitnehmerähnliches Rechtsverhältnis mit den sich hieraus ergebenden Rechten und Pflichten vor, und ein Zeugnisanspruch wäre zu bejahen.

Ein *Werkzeitungsschriftleiter*, der für mehrere Firmen gestaltet und nur spezifisch betriebsbezogene Beilagen oder Bogen für jeden Betrieb beilegt, steht ebensowenig wie ein *Werbeberater*, ein gelegentlich herangezogener *Graphiker* oder *Architekt* oder *Gartenbaumeister* in einem Abhängigkeitsverhältnis, so daß ein Zeugnisanspruch nicht gerechtfertigt ist. Doch kommt es jeweils auf die besonderen Umstände an, ob in den erwähnten Grenzfällen ein Dienstverhältnis nach §§ 611 ff. oder ein Werkvertrag nach §§ 631 ff. BGB vorliegt.

10. Besondere Beschäftigungsverhältnisse

Es gibt zahlreiche Varianten von Beschäftigungsverhältnissen, bei denen im Einzelfall zu prüfen ist, ob überhaupt ein Zeugnisanspruch besteht bzw. bei wem er geltend zu machen ist.

Voraussetzung ist zunächst, daß ein Arbeitsverhältnis vorliegt; werk- oder gesellschaftsvertragliche Beschäftigungen scheiden aus.

Beim Gruppenarbeitsverhältnis in Form der *Eigengruppe* besteht (im Gegensatz zur Betriebsgruppe) zwischen der Gruppe und ihren Mitgliedern kein Arbeitsverhältnis, wenn sie sich (was wohl die Regel ist) gesellschaftsrechtlich zusammengeschlossen haben; bestehen jedoch zwischen den Mitgliedern der Eigengruppe und dem Dritten, bei dem sie als Gruppe ihre Arbeitsleistung erfüllen (= Arbeitgeber), unmittelbare arbeitsvertragliche Beziehungen (wie z.B. bei Putz- und Maurerkolonnen), so käme ein Zeugnis in Betracht, allerdings als einfaches Zeugnis, da bei einer Gruppenleistung die jeweilige Einzelleistung kaum beurteilt werden kann.

Keine Zeugnispflicht besteht beim sogenannten *Einfühlungsverhältnis*, da der „Einfühlende" überhaupt keine Pflichten übernimmt, es liegt ein ganz loses Rechtsverhältnis eigener Art vor[10]; allenfalls wird ihm eine Bescheinigung über die Dauer dieses Rechtsverhältnisses gegeben. Dagegen kann beim sogenannten *Anlernverhältnis* das einfache Zeugnis in Betracht kommen; die Beurteilung entfällt, da sich hierbei ausschließlich der Arbeitnehmer auf seine künftige Arbeit vorbereitet hat ohne Überprüfung durch den Arbeitgeber.

Teilzeit-Beschäftigungen (wie etwa auch Abruf-Arbeitsverhältnisse) stellen hinsichtlich der Zeugnispflicht keine Probleme dar; die zeitweilige Beschäftigung ist nach Art und Dauer anzuführen. Lediglich beim sogenannten *Job-Sharing*-Arbeitsverhältnis kann die jeweilige Beurteilung deshalb Schwierigkeiten bereiten, weil hierbei Elemente des Gruppenarbeitsverhältnisses einfließen (s. oben bei der Eigengruppe).

Fraglich ist, gegen wen der Zeugnisanspruch geltend zu machen ist, wenn der Arbeitnehmer von seinem Arbeitgeber bei einem anderen zur Arbeitsleistung eingesetzt wird – z. B. beim Leiharbeitsverhältnis, beim Einsatz in Arbeitsgemeinschaften (so im Baugewerbe, bei Forschungsvorhaben, Computer-Software-Entwicklungen etc.) und beim mittelbaren Arbeitsverhältnis:

Leiharbeitnehmer stehen zu dem Entleiher-Arbeitgeber in keinem Arbeitsverhältnis, auch wenn sie in dessen Betrieb weitgehend integriert werden (sie müssen sich in die betriebliche Ordnung einfügen, können an Betriebsversammlungen teilnehmen und haben betriebsverfassungsrechtliche Anhörungs- und Beschwerderechte). Leiharbeitnehmer bleiben Angehörige des Verleiher-Betriebes (Art. 1 § 14 AÜG) und haben daher gegen ihren Verleiher-Arbeitgeber den Zeugnisanspruch. Verlangt er jedoch ein qualifiziertes Zeugnis, so kann nur der Entleiher aus eigener Kenntnis ein sicheres Urteil über Leistung und Führung abgeben; der Entleiher hat insoweit bei der Zeugnisausstellung mitzuwirken, als er dem Verleiher die Beurteilung zwecks Übernahme in das Zeugnis mitzuteilen hat – diese Mitwirkungspflicht ist aus der auch Leiharbeitnehmern gegenüber aufgrund deren tatsächlicher und nicht unwesentlicher Eingliederung im Betrieb bestehenden Fürsorgepflicht herzuleiten. Dies gilt auch bei Abordnungen des Arbeitnehmers in *Arbeitsgemeinschaften* (vgl. Art. 1 § 1 Abs. 1 Satz 2 AÜG); bei der Beurteilung hat der Leiter der Arbeitsgemeinschaft mitzuwirken.

---

10 *LAG Hamm*, 24. 5. 1989, BB 1989 S. 1759.

Bei einem *mittelbaren* Arbeitsverhältnis hat der Arbeitnehmer den Zeugnisanspruch nur gegenüber seinem unmittelbaren Arbeitgeber. Ein solches, besonders bei Musikern anzutreffendes mittelbares Arbeitsverhältnis liegt vor, wenn der Arbeitnehmer im Rahmen eines Arbeitsverhältnisses von einem Mittelsmann beschäftigt wird, der selbst seinerseits wieder Arbeitnehmer eines Dritten ist, wobei die Arbeit mit Wissen des Dritten für diesen geleistet wird – der Zeugnisanspruch besteht gegenüber dem Mittelsmann.

Andersartige Zeugnisprobleme ergeben sich aus dem *Weiterbeschäftigungsanspruch* im Rahmen eines Kündigungsschutzprozesses. Denn auch außerhalb der Regelungen des § 102 Abs. 5 BetrVG (bzw. § 79 Abs. 2 BPersVG) kann der gekündigte (bzw. nur befristet eingestellte) Arbeitnehmer einen Weiterbeschäftigungsanspruch bis zum rechtskräftigen Abschluß des Kündigungsschutzprozesses haben[11]; diese Zeit vom Ablauf der Kündigungsfrist (bzw. bei einer fristlosen Kündigung vom Tag des Zugangs) bis zur Rechtskraft wird vom *BAG* nicht als faktisches Arbeitsverhältnis[12] (siehe hierzu Kap. III. 3) gewertet, sondern als Beschäftigungsverhältnis, das sich allgemein aus dem Grundsatz von Treu und Glauben ergibt – zeugnisrelevant ist diese Unterscheidung jedoch nicht, der Betreffende hat tatsächlich weitergearbeitet, und damit wird dieser Zeitraum insbesondere bei der Beurteilung von „Führung und Leistung" mitberücksichtigt. Problematisch ist hierbei aber das zu vermerkende Beendigungsdatum – hierzu wird auf Kap. VI. 1.b. verwiesen.

11. Personen im öffentlichen Dienst

Während die Beamten in einem öffentlich-rechtlichen Dienst- und Treueverhältnis stehen und keine Arbeitnehmer sind, ist das Rechtsverhältnis der sonstigen Bediensteten (Angestellte und Arbeiter in den Verwaltungen des Bundes, der Länder, der Gemeinden und Gemeindeverbände sowie bei den Körperschaften des öffentlichen Rechts) privatrechtlicher Natur und unterliegt den für die übrigen Arbeitnehmer geltenden Bestimmungen. Angestellte und Arbeiter des öffentlichen Dienstes erhalten das Zeugnis „automatisch", also ohne es beantragen zu müssen.

---

11 Vgl. *BAG* 27. 2. 1985, BB 1985 S. 463.
12 Vgl. *BAG*, 10. 3. 1987, BB 1987 S. 1110.

a) Beamte (Dienstzeugnis)

Das Zeugnis für die Beamten – als *Dienstzeugnis* bezeichnet – richtet sich nach dem öffentlichen Recht; § 92 des Bundesbeamtengesetzes lautet:

„Dem Beamten wird nach Beendigung des Beamtenverhältnisses auf Antrag von seinem letzten Dienstvorgesetzten ein Dienstzeugnis über Art und Dauer der von ihm bekleideten Ämter erteilt. Das Dienstzeugnis muß auf Verlangen des Beamten auch über die von ihm ausgeübte Tätigkeit und seine Leistungen Auskunft geben."

In den Beamtengesetzen der Länder finden sich die gleichen oder ähnliche Bestimmungen; dem Beamten wird nicht nur nach *Beendigung* des Beamtenverhältnisses, sondern auch bei berechtigtem Interesse, in Baden-Württemberg z. B. beim Dienstherrnwechsel oder zwecks Bewerbung um eine Stelle bei einem anderen Dienstherrn oder außerhalb des öffentlichen Dienstes, ein Dienstzeugnis erteilt. In Bayern muß auf Verlangen das Dienstzeugnis auch Angaben über die Führung des Beamten enthalten.

Das Dienstzeugnis unterliegt im übrigen denselben Grundsätzen wie das Arbeitszeugnis; als Besonderheit ist jedoch zu erwähnen, daß der Beamte seine Ansprüche aus dem Zeugnisrecht vor den Verwaltungsgerichten (nicht Arbeits- oder ordentlichen Gerichten – vgl. Kap. IX) geltend zu machen hat, und zwar nach vorausgegangenem Widerspruchsverfahren gemäß § 126 des Beamtenrechtsrahmengesetzes.

Über Beamte auf Widerruf im Vorbereitungsdienst (z. B. Referendare) haben die Ausbildungsstellen gemäß den jeweiligen Ausbildungsordnungen Zeugnisse zu erteilen, die Aussagen über Fähigkeiten, Leistungen und über das dienstliche Verhalten sowie eine zusammenfassende Note enthalten.

b) Angestellte

Bei den Angestellten ist für Erteilung eines Arbeitszeugnisses der BAT maßgebend. Dort heißt es in § 61:

„(1) Bei Kündigung hat der Angestellte Anspruch auf unverzügliche Ausstellung eines vorläufigen Zeugnisses über Art und Dauer seiner Tätigkeit. Dieses Zeugnis ist bei Beendigung des Arbeitsverhältnisses sofort gegen ein endgültiges Zeugnis umzutauschen, das sich auf Antrag auch auf Führung und Leistung erstrecken muß.

(2) Der Angestellte ist berechtigt, aus triftigen Gründen auch während des Arbeitsverhältnisses ein Zeugnis zu verlangen.“

c) Arbeiter

Bei Beendigung des Arbeitsverhältnisses ist den Arbeitern des Bundes und der Länder außer den Bescheinigungen aufgrund der sozialversicherungsrechtlichen Vorschriften ein Zeugnis über Art und Dauer der Beschäftigung auszustellen. Das Zeugnis ist auf Verlangen auf Leistung und Führung zu erstrecken (vgl. § 64 MTB II bzw. MTL II).

Die Regelung für die Arbeiter gemeindlicher Verwaltungen und Betriebe (§ 57 BMT – G II) lautet:

„(1) Dem Arbeiter ist eine Bescheinigung über Art und Dauer seiner Beschäftigung sowie über die Höhe der geleisteten Versicherungsbeiträge auszustellen. Ist der Arbeiter für den Fall der Arbeitslosigkeit versichert, so ist ihm außerdem eine Bescheinigung auszuhändigen, aus der Art, Beginn, Ende und Grund der Lösung des Arbeitsverhältnisses sowie die Höhe des Arbeitsentgelts beim Ausscheiden hervorgehen.

(2) Auf Verlangen ist dem Arbeiter ein Zeugnis über Führung und Leistung zu erteilen.“

d) Soldaten und Zivildienstleistende

Auf Antrag erhalten Soldaten und Zivildienstleistende gemäß § 32 Soldatengesetz bzw. § 46 Zivildienstgesetz nach Beendigung ihres Dienstes ein Dienstzeugnis, das über Art und Dauer des Dienstes und über Führung und Leistung im Dienst Auskunft zu geben hat, sofern der Soldat mindestens 4 Wochen, der Zivildienstleistende mindestens 3 Monate tatsächlich Dienst verrichtet hat – ihnen ist auf Antrag eine angemessene Zeit vor Beendigung des Dienstes ein vorläufiges Dienstzeugnis zu erteilen, um es dem Dienstleistenden zu ermöglichen, sich vorzeitig um eine an den Wehr- bzw. Zivildienst anschließende Beschäftigung zu bewerben.

12. Zum Zeugnisrecht in der DDR

Das Arbeitsrecht in der DDR und damit auch das Zeugnisrecht ist im Umbruch. Gegenwärtig (August 1990) gilt für alle Arbeitsverhältnisse das Arbeitsrecht der DDR, es sei denn, Arbeitgeber in der

DDR haben mit bundesdeutschen Arbeitnehmern, die vorübergehend in der DDR beschäftigt sind, die Anwendung bundesdeutschen Arbeitsrechts vereinbart (vgl. Leitsatz IV des Protokolls zum Staatsvertrag vom 18. 5. 1990). Auf Grund dieses Staatsvertrages sind in der DDR zahlreiche arbeitsrechtliche Bestimmungen der Bundesrepublik übernommen worden, aber nicht die Zeugnisvorschriften des § 630 BGB, § 73 HGB oder § 113 GewO. Folglich gilt das Arbeitsgesetzbuch der DDR (AGB) in der Fassung vom 22. 6. 1990 und die dort enthaltenen Regelungen über die „Beurteilung" in den §§ 67–69.

Gemäß § 67 AGB ist der Arbeitgeber „verpflichtet, eine Beurteilung anzufertigen, wenn das Arbeitsverhältnis oder Lehrverhältnis beendet wird, oder in anderen Fällen, wenn der Arbeitnehmer ein berechtigtes Interesse nachweist und dies verlangt." – Zu dem Begriff des „berechtigten Interesses" wird auf Kap. IV 4. verwiesen.

Gemäß § 68 AGB sind in der Beurteilung „die Tätigkeit, die Leistungen und die Entwicklung des Arbeitnehmers während der gesamten Zugehörigkeit zum Betrieb zusammenfassend einzuschätzen. Die Beurteilung muß wahrheitsgemäß sein und Aussagen über die wesentlichen, charakteristischen und ständigen Verhaltensweisen des Arbeitnehmers enthalten" – es gibt also nur eine dem qualifizierten Zeugnis entsprechende, keine „einfache" Beurteilung.

Gemäß § 69 AGB hat der Arbeitnehmer „das Recht, gegen den Inhalt der Beurteilung Einspruch bei der Schiedsstelle für Arbeitsrecht bzw. der Kammer für Arbeitsrecht des Kreisgerichts einzulegen. Die Einspruchsfrist beträgt drei Monate. Sie beginnt nach Aushändigung der Beurteilung" – bis zum Aufbau einer besonderen Arbeitsgerichtsbarkeit werden arbeitsrechtliche Streitigkeiten zunächst vor Schiedsstellen behandelt, die in Betrieben mit mehr als 50 Arbeitnehmern eingerichtet sind. Gegen Beschlüsse der Schiedsstelle kann innerhalb von zwei Wochen beim Kreisgericht Einspruch eingelegt werden – besteht keine Schiedsstelle, so kann unmittelbar beim Kreisgericht Einspruch eingelegt werden (der Einspruch steht der Klage gleich).

III. Voraussetzungen und Geltendmachung des Zeugnisanspruchs

1. Dauerndes Dienst- bzw. Arbeitsverhältnis

Für das Gros der gewerblichen und kaufmännischen Kräfte (egal, ob voll- oder teilzeitbeschäftigt) sowie für den Nachwuchs ist die Dauerhaftigkeit des Arbeits- bzw. Ausbildungsverhältnisses nicht entscheidend; auch kurzfristige Tätigkeiten begründen den Anspruch.

Nur bei den Bediensteten, für die die Regelungen in GewO, HGB und BBiG nicht unmittelbar gelten, ist gemäß § 630 BGB zu prüfen, ob es sich um ein dauerndes Dienstverhältnis handelt; es muß ein auf längere Zeit (mindestens etwa 4 Wochen) angelegtes Beschäftigungsverhältnis vorliegen. Doch ist eine enge Auslegung dieses Begriffs nicht geboten, weil in der sich stetig fortentwickelnden Wirtschaft die Begriffe für Arbeitnehmer-Eigenschaften immer mehr Änderungen unterliegen, so daß exakte Abgrenzungen, ob BGB, HGB oder GewO anzuwenden sind, in zahlreichen Fällen nicht mehr zu finden sind. Wenn es schon Interpretationsschwierigkeiten bereitet, den Unterschied zwischen Arbeitern und Angestellten in den zahlreichen Zweifelsfällen zu finden, um so größer wird die Not einer Differenzierung bei den Berufsgruppen, die sich bei der fortschreitenden Automatisierung, überhaupt bei den Mischformen, die der technische Fortschritt schafft, neu bilden. Dies ist nicht nur auf dem Gebiet der elektronischen Datenverarbeitung (Programmierer, Koordinator, Datentypist usw.) zu beobachten. Da die gesetzlichen Grundlagen im Zeugnis nicht erwähnt werden und sie im übrigen inhaltlich übereinstimmen, sollte der Begriff „dauerndes" Dienstverhältnis nicht unnütz strapaziert werden[1].

Auch *kurze* Beschäftigungszeiten befreien nicht von der Pflicht, ein Zeugnis zu erteilen – das *LAG Düsseldorf*[2] hat bei einem langfristig angelegten, aber bereits nach 2 Tagen beendeten Arbeitsverhältnis den Anspruch auf Erteilung eines qualifizierten Zeugnisses jedoch bejaht, obgleich in dieser kurzen Zeitspanne kein zuverlässiges Urteil über Leistung und Führung gebildet werden kann; diese Entscheidung kann nicht gebilligt werden, das Verlangen nach Beurteilung hätte als rechtsmißbräuchlich zuückgewiesen werden müssen (Arbeitgeber können sich auch damit behelfen, indem sie den kurzen Beurteilungszeitraum besonders hervorheben). Gegen die Erteilung eines einfachen Zeugnisses bestehen hierbei allerdings keine Bedenken.

---

1 Ähnlich *LAG München*, 13. 1. 1988 – 7 Sa 832/87.

2 Urteil vom 14. 5. 1963, BB 1963 S. 1216.

2. Probe- und befristetes Arbeitsverhältnis

Über den Begriff des *Probearbeitsverhältnisses* bestehen in der betrieblichen Praxis gewisse Unklarheiten, besonders hinsichtlich der Kündigungsmöglichkeiten. Eine Einstellung auf Probe unterscheidet sich von einer solchen zur Probe zunächst nur dadurch, daß die erstere Rechtsform eine eindeutige Befristung enthält; sie ist nicht so risikoreich wie die Vereinbarung einer Probezeit schlechthin, ohne zugleich eine kürzere als die allgemein übliche Kündigungsfrist einzufügen. Beiden Formen ist aber gemeinsam, daß sie den Beginn eines Dauerarbeitsverhältnisses einleiten; sie sind nur Sicherheitsventile für den zunächst nicht gewünschten Fall, daß sich der eine oder andere Teil getäuscht hat. Wird daher das Arbeitsverhältnis nicht über die Probezeit hinaus fortgesetzt, so wäre doch auch in den Fällen, für die sich die Zeugnispflicht nur auf § 630 BGB gründet, ein Zeugnis zu erteilen.

Bei einem *einfachen* Zeugnis darf ohne Zustimmung des Arbeitnehmers nicht erwähnt werden, daß es sich um ein Probearbeitsverhältnis gehandelt habe, weil in diesem Hinweis in der Regel eine Bewertung der Leistung und Führung zu sehen ist, die nur in einem *qualifizierten* Zeugnis vorgenommen werden darf. Dagegen wäre nicht zu beanstanden, wenn hervorgehoben würde, daß der Arbeitnehmer nicht über die Probezeit hinaus bleiben wollte.

Liegt ein von vornherein *befristetes Arbeitsverhältnis* vor – wozu in diesem Zusammenhang eine Einstellung auf Probe nicht zu rechnen wäre –, muß man bei den Personen, die ein Zeugnis nach § 630 BGB verlangen können, prüfen, ob im Sinne dieser Vorschrift ein langdauerndes Dienstverhältnis vorliegt. Indes erhalten die für Dienstverhältnisse aller Art geltenden Vorschriften der §§ 611 ff. BGB dann einen stärkeren Inhalt, wenn es sich um die Rechtsbeziehungen Arbeitgeber-Arbeitnehmer handelt, die mangels anderer Abgrenzungsmöglichkeiten als „personenrechtliche Gemeinschaftsverhältnisse“[3] bezeichnet werden. Dies bedeutet, daß über den Rahmen des Austausches von Leistungen hinaus jedes Arbeitsverhältnis von dem Grundsatz beiderseitiger Treue beherrscht ist. So übernimmt der Arbeitgeber mit dem Eingehen eines Arbeitsverhältnisses eine *Fürsorgepflicht* für den Arbeitnehmer, die begreiflicherweise verschiedene Stadien aufweist. Sie ist bei langer Zusammenarbeit intensiver als bei nur kurzer Dauer, obwohl auch dann die Grenzen dessen, was dem Arbeitgeber auferlegt ist, gesehen werden müssen. Es bedeutet aber keine unvertretbare Ausdehnung des Fürsorge-

---

3 Vgl. statt aller *Hueck/Nipperdey,* a.a.O., S. 129.

pflichtgedankens, bei befristeten Arbeitsverhältnissen von wenigstens vier- und mehrwöchiger Dauer eine Zeugnispflicht des Arbeitgebers dann zu bejahen, wenn § 630 BGB die einzige Rechtsgrundlage bildet (so etwa auch bei einem Aushilfsarbeitsverhältnis gem. § 622 Abs. 4 BGB).

Bei gewerblichen Arbeitnehmern, kaufmännischen Angestellten (Handlungsgehilfen) und Lehrlingen (Auszubildenden) ist die Beschränkung des § 630 BGB nicht gegeben, so daß diesen Arbeitnehmern bei kurzfristiger Beschäftigung (oder Lehre) ein Zeugnis erteilt werden muß.

3. Bei nichtigem Arbeitsvertrag

Das Arbeitsverhältnis beruht grundsätzlich auf einem gültigen Arbeitsvertrag. Doch ist wie bei jedem anderen Rechtsverhältnis nicht ausgeschlossen, daß sich Mängel des Arbeitsvertrages herausstellen, die seine Nichtigkeit begründen. So ist ein Arbeitsvertrag mit einem Minderjährigen ohne Zustimmung oder Ermächtigung (§ 113 BGB) des gesetzlichen Vertreters oder wegen Sittenwidrigkeit (§ 138 BGB) nichtig; er kann wegen Irrtums (§ 119 BGB) oder arglistiger Täuschung oder Drohung (§ 123 BGB) anfechtbar sein. Hat aber das Arbeitsverhältnis schon begonnen und hat sich bereits ein Gemeinschaftsverhältnis mit dem Arbeitgeber entwickelt (faktisches Arbeitsverhältnis), so sind auf beiden Seiten Pflichten entstanden, die bei der Feststellung der Nichtigkeit für die inzwischen verflossene Zeit auf gar keinen Fall, aber auch für die Dauer der tatsächlichen Fortsetzung des Arbeitsverhältnisses nicht beseitigt werden können. Der Arbeitgeber hat auch bei nichtigem Arbeitsvertrag ohne Zweifel die Pflicht, ein Zeugnis zu erteilen.

4. Geltendmachung des Zeugnisanspruchs

Der Anspruch auf Erteilung eines Zeugnisses entsteht zwar bei Beendigung des Beschäftigungsverhältnisses (siehe Kap. IV), aber – im Gegensatz zum Ausbildungszeugnis und zum Zeugnis für Angestellte und Arbeiter im öffentlichen Dienst – hat der Arbeitgeber ihn nicht von sich aus zu erfüllen, vielmehr muß der Arbeitnehmer sein Zeugnis *beantragen* (sogenannter verhaltener Anspruch). Die Besonderheit dieses verhaltenen Anspruchs besteht darin, daß der fällige Zeugnisanspruch erst mit dessen Geltendmachung erfüllbar wird; daher kommt ein eventuell zum Schadensersatz verpflichtender Verzug des Arbeitgebers auch erst in Betracht, wenn nach der

Geltendmachung die für die Zeugnisausstellung erforderliche Bearbeitungszeit verstrichen ist (bei einem einfachen Zeugnis etwa 1–2 Tage, bei einem qualifizierten etwa 2–3 Wochen – siehe Kap. IV).

Für die Geltendmachung ist gesetzlich keine *Form* einzuhalten (sie kann daher auch mündlich, sollte aber aus Beweisgründen schriftlich erfolgen), es sei denn, tarifvertraglich ist zur Fristwahrung von Ansprüchen die Schriftform oder gar die gerichtliche Geltendmachung vorgeschrieben.

Die Beantragung bedarf *keiner Begründung*, es braucht also nicht angegeben zu werden, wofür das Zeugnis benötigt wird. Der Verwendungszweck ist ohne Bedeutung für den Zeugnisanspruch (so kann das Zeugnis auch privaten Zwecken dienen, wenn nämlich der Arbeitnehmer beim Übertritt in den Ruhestand eine abschließende Anerkennung seiner Arbeitsleistung dokumentiert haben möchte).

5. Holschuld, Zurückbehaltungsrecht

Die Zeugnisschuld ist eine *Holschuld*. Der Arbeitgeber muß das Zeugnis am Ort seiner gewerblichen Niederlassung zur Abholung bereithalten (§ 269 Abs. 2 BGB). Nur wenn es nicht rechtzeitig erstellt ist und wenn es dann für den Arbeitnehmer unzumutbar wäre, das Zeugnis abzuholen, muß es auf Gefahr und Kosten des Arbeitgebers übersandt werden (§ 286 BGB).

Ein *Zurückbehaltungsrecht* mit der Begründung, der Arbeitnehmer schulde noch Leistung oder habe Unterlagen oder sonstige dem Arbeitgeber gehörende Sachen (z. B. Bücher, Geräte, Spezialkleidung, Fahrzeuge) herauszugeben, kann nicht anerkannt werden. Ein solches Verhalten widerspräche der Fürsorgepflicht des Arbeitgebers. Auch bei einem Streit über den Fortbestand des Arbeitsverhältnisses besteht die Verpflichtung, ein Zeugnis zu erstellen und auszuhändigen, und daher kein Zurückbehaltungsrecht. Die Verweigerung der Hergabe oder verspätete Ausstellung macht den Arbeitgeber schadensersatzpflichtig (vgl. Kap. X). Das gleiche gilt, wenn der Arbeitgeber die Zeugnisse *früherer* Arbeitgeber, die der Arbeitnehmer zusammen mit seinen Bewerbungsunterlagen bei seiner damaligen Einstellung übergeben hatte, nicht zurückgibt, sofern es sich um die *Original-Zeugnisse* handelt – Kopien, auch beglaubigte, kann der Arbeitgeber behalten.

6. Ersatzausstellung

Bei Verlust eines Zeugnisses ist der Arbeitgeber zu einer Ersatzausstellung verpflichtet. Dies ist aus seiner Fürsorgepflicht zu folgern, die insoweit Nachwirkungen nach einer Beendigung des Arbeitsverhältnisses erzeugt.

Dies gilt auch bei starker Beschädigung des Zeugnisses ohne jedes Verschulden des Arbeitnehmers, nicht aber bei unsachgemäßer Behandlung oder Aufbewahrung, oder wenn etwa der Arbeitnehmer das Ersatzzeugnis mit Randbemerkungen versehen hat.

Eine Ersatzausstellung kann aber nur *einmal* verlangt werden, es sei denn, daß der erneute Verlust auf Umstände zurückzuführen ist, die der Arbeitnehmer nicht zu vertreten hat (Brand, Verkehrsunfall, Diebstahl usw.).

Das Zeugnis wird in Form und Inhalt genau wiederholt; eine Kopie (auch mit Beglaubigungsvermerk) ist unzulässig.

Wurde das Zeugnis auf Wunsch des Arbeitnehmers an die Geschäftsstelle einer Gewerkschaft verschickt und dort versehentlich mit dem Eingangsstempel versehen, so besteht Anspruch auf erneute Ausstellung des Zeugnisses[4], da sonst jeder andere Arbeitgeber die Mitgliedschaft in der Gewerkschaft aus dem Zeugnis entnehmen könnte (vgl. hierzu Kap. VI. 1.a); das gleiche gilt bei einem Eingangsstempel eines Rechtsanwalts, weil hieraus andere Arbeitgeber entnehmen können, daß Streitigkeiten stattfanden.

IV. Zeitpunkt der Erteilung

§ 630 BGB bestimmt als Zeitpunkt der Zeugniserteilung „bei der Beendigung des Dienstverhältnisses“, wie es auch in § 73 HGB für kaufmännische Angestellte heißt, während es bei gewerblichen Arbeitnehmern „beim Abgang“ (§ 113 GewO) lautet. Die unterschiedlichen Formulierungen sind ohne erhebliche Bedeutung, der Anspruch auf Erteilung des Zeugnisses entsteht mit dem Tag der *tatsächlichen* Beendigung des Beschäftigungsverhältnisses (des faktischen Ausscheidens aus dem Betrieb) – dies gilt bei fristgerechter wie auch fristloser Kündigung und unabhängig davon, wer gekündigt hatte. Dieser Fälligkeitstag muß den Arbeitgeber noch nicht veranlassen, die Zeugnisausstellung vorzubereiten, vielmehr kann er zuwarten, bis der Zeugnisanspruch „erfüllbar“ wird, d. h. bis der Arbeitnehmer die Zeugnisausstellung *beantragt* (anders beim Aus-

4 *LAG Hamm*, 15. 7. 1986 – 13 Sa 2289/85.

bildungszeugnis und beim Zeugnis der Angestellten und Arbeiter in der öffentlichen Verwaltung, bei denen der Zeugnisanspruch auch ohne Antrag zu erfüllen ist).

An den Tag der Antragstellung schließt sich eine „Bearbeitungszeit" an; besonders bei Betrieben von einer bestimmten Größenordnung an ist zu beachten, daß der Arbeitgeber oder sein Vertreter nicht jeden Arbeitnehmer so genau kennt, um über die Art des Arbeitsverhältnisses exakt Auskunft erteilen und auch Angaben über Leistung und Führung machen zu können. Meist ist die Anhörung mehrerer Vorgesetzter notwendig, ehe ein der Wahrheitspflicht genügendes Urteil abgegeben werden kann. Daher muß der Arbeitnehmer mit Verzögerungen rechnen – als *Faustregel* kann gelten: Die Bearbeitungszeit bei einem einfachen Zeugnis beträgt etwa 1–2 Tage, bei einem qualifizierten etwa 2–3 Wochen. Erst nach Ablauf dieser Bearbeitungszeit kommt ein eventuell Schadensersatz begründender Verzug des Arbeitgebers in Betracht (vgl. Kap. III. 4).

1. Bei Kündigung (vorläufiges und endgültiges Zeugnis)

Obwohl nach dem Wortlaut der gesetzlichen Bestimmung der Zeugnisanspruch oder die Zeugnispflicht eindeutig mit dem Tag der tatsächlichen Beendigung des Beschäftigungsverhältnisses entsteht („endgültiges Zeugnis"), nimmt die herrschende Lehre an, daß der Arbeitnehmer mit dem Tag des Zugangs der *Kündigungserklärung* ein Zeugnis verlangen kann, um sich innerhalb der Kündigungfrist bei einem anderen Arbeitgeber bewerben zu können[1] (vgl. auch § 629 BGB); denn eine Bewerbung ist nur sinnvoll und erfolgversprechend, wenn auch ein Zeugnis vorgelegt werden kann.

Kündigt eine der Vertragsparteien *vor* dem Zeitpunkt der gesetzlichen, tarifvertraglichen oder vereinbarten Frist oder wird überzeugend erklärt, daß mit einer Kündigung zum nächstmöglichen Termin gerechnet werden muß, so ist es eine Frage der Billigkeit, bei Bekanntgabe der Kündigungsabsicht ein Zeugnis vorzubereiten.

Billigkeitserwägungen wegen des Zeitpunkts der Zeugniserteilung sollten auch dann angestellt werden, wenn eine Kündigung durch Vertrag ausgeschlossen ist; das Zeugnis ist zum frühestmöglichen Zeitpunkt zu geben und nicht etwa bis zum Beginn einer fiktiven, gesetzlichen Kündigungsfrist zuzuwarten.

1 Vgl. *Hueck/Nipperdey,* a.a.O., S. 461; das Zeugnisverlangen bedeutet keine Zustimmung zur Kündigung: *BAG,* 15. 7. 1960, BB 1960 S. 983 (Teilabdruck).

Wird der Arbeitnehmer während der Kündigungsfrist beurlaubt, von der Arbeit freigestellt oder während des Kündigungsschutzprozesses *nicht* beschäftigt, scheidet er also damit faktisch aus dem Betrieb aus, so erhält er ein *endgültiges* Zeugnis; im qualifizierten Zeugnis sind Führung und Leistung abschließend beurteilbar, nur kann der Ausgang des Kündigungsschutzprozesses ergeben, daß der im Zeugnis bescheinigte Zeitpunkt des Ausscheidens sich nachträglich als nicht richtig herausstellt – dann ist eine spätere Berichtigung des Zeugnisses möglich, indem gegen Rückgabe des alten Zeugnisses ein neues Zeugnis mit dem richtigen Enddatum ausgestellt wird[2].Gewinnt der Arbeitnehmer den Kündigungsschutzprozeß und wird wieder beschäftigt, so braucht er das erteilte Zeugnis nicht zurückzugeben[3], wenn auch der Grund für die Zeugnisausstellung (die Bewerbung um einen anderen Arbeitsplatz) weggefallen ist; denn ein Interesse des Arbeitgebers an der Rückgabe ist nicht ersichtlich und wäre nur Anlaß für unnötige Streitigkeiten (es wird dann als Zwischenzeugnis betrachtet).

Wird hingegen der Arbeitnehmer während des Prozesses oder der Kündigungsfrist *weiterbeschäftigt,* so können seine Leistung und Führung in diesem Zeitraum für das Zeugnis noch maßgebend sein – daher wird in solchen Fällen bei der Kündigung auf Antrag ein *vorläufiges* (qualifiziertes) Zeugnis erteilt. Es sollte nicht mit dem „Zwischenzeugnis" (vgl. Ziffer 4) verwechselt werden. Der Charakter eines vorläufigen Zeugnisses ist in der Überschrift und im Inhalt zum Ausdruck zu bringen. Mißtrauen wird bei Dritten dadurch nicht erregt, denn der am Zeugnis interessierte Dritte erfährt bei der ersten Kontaktaufnahme ohnehin, daß der Bewerber noch in fremden Diensten steht.

Wird dann später das endgültige Zeugnis erteilt, so ist das vorläufige Zeugnis nicht zurückzugeben; eine Herausgabepflicht besteht nicht, ein rechtliches Interesse des Arbeitgebers an der Rückgabe ist nicht ersichtlich. Es würde auch zu unliebsamen Auseinandersetzungen kommen, wobei oft der sich bewerbende Arbeitnehmer auch das vorläufige Zeugnis nicht mehr besitzt, da er es seinen Bewerbungsunterlagen beigefügt hat.

Zur Frage, ob und ggfs. in welchem Maße die Formulierungen im vorläufigen Zeugnis auch im endgültigen Zeugnis wiederzukehren

---

2 *BAG,* 27. 2. 1987, BB 1987 S. 1816 (nur Leitsatz).

3 Der Arbeitnehmer braucht nach gewonnener Kündigungschutzklage nicht Zeugnisse anderer Arbeitgeber vorzulegen, bei denen er in der Zwischenzeit gearbeitet hat, so *BAG,* 21. 5. 1981, DB 1981 S. 2496.

haben, wird auf die Ausführungen zum Zwischenzeugnis (unten Ziff. 4.d – am Ende) verwiesen.

Wird das Arbeitsverhältnis bereits *vor* Arbeitsantritt gekündigt, hat der Arbeitnehmer also tatsächlich überhaupt nicht gearbeitet, so entfällt ein Zeugnis, da nur Absichten vorlagen und nichts Vergangenes „bezeugt“ werden kann.

Besonderheiten bestehen bei Angestellten im *öffentlichen* Dienst, und zwar in zweierlei Hinsicht:

- Sie haben „bei Kündigung“ Anspruch (auch ohne Antrag) auf unverzügliche Ausstellung eines vorläufigen (einfachen) Zeugnisses. Der Begriff „unverzüglich“ hat hier die gleiche Bedeutung wie in § 121 BGB; d. h. es muß nicht sofort, sondern ohne schuldhaftes Zögern ausgestellt werden, also dem Arbeitgeber muß so viel Zeit zugestanden werden, daß die instanzmäßige Erledigung eingehalten werden kann.

  Dieses vorläufige Zeugnis wird auch *Arbeitern* im öffentlichen Dienst nicht vorenthalten werden dürfen, obgleich der MTV nichts hierüber enthält.
- Nach § 61 BAT ist das vorläufige gegen das endgültige Zeugnis auszutauschen; hier weiß der Angestellte, daß er das vorläufige Originalzeugnis nicht aus der Hand geben darf, sondern sorgfältig aufbewahren muß.

2. Bei Zeitvertrag und Aufhebungsvertrag

Bei befristeten Arbeitsverhältnissen, die ohne Kündigung auslaufen, sollte der Arbeitgeber grundsätzlich eine *angemessene Zeit vor* der Beendigung der Tätigkeit ein Zeugnis geben[4]. Ob dieser Zeitpunkt in allen Fällen der Beginn der Kündigungsfrist (bei unbefristeten Arbeitsverhältnissen) sein soll, hängt davon ab, ob die Tätigkeit von *ansehnlicher Dauer* war. Bei kurzfristiger Inanspruchnahme, zum Beispiel für eine Urlaubsvertretung, wird ohnehin ein Zeugnis zu anderweitiger Bewerbung kaum in Frage kommen. In der Probezeit fehlt vor deren Ablauf der Maßstab zur Beurteilung; Praktikanten und Werkstudenten brauchen das Zeugnis kaum vor Ablauf ihrer Tätigkeit. Nur wo es sich um langfristige Einsätze handelt, kann ein Interesse daran bestehen, sich einige Zeit zuvor um ein anderes Engagement zu kümmern, vor allem wenn feststeht, daß eine weitere Beschäftigung nicht in Frage kommt (so bei Künstlern, die

4 Vgl. *Becker-Schaffner* in BB 1981 S. 1340 ff.; vgl. auch die Regelung für Wehr- bzw. Zivildienstleistende (Kap. II. 11.d).

üblicherweise nur für eine Saison engagiert werden). Eine starre Grenze ist aber auch in solchen Fällen nicht angebracht. Je nach den Umständen des Vorgangs sollte in angemessener Zeit vor dem Ende der befristeten Tätigkeit, spätestens am Tag des Ausscheidens, ein Zeugnis erteilt werden.

Die Vertragsparteien eines unbefristeten Arbeitsverhältnisses können sich aber auch ohne Kündigung darüber einigen, daß das Arbeitsverhältnis zu einem *bestimmten Zeitpunkt* beendigt wird. Eine solche Regelung kann auch *stillschweigend* getroffen werden, wenn das Verhalten beider Seiten unmißverständlich ist. Doch genügt nicht jede Unmutsäußerung eines der Beteiligten, um eine solche Wirkung zu erzielen. Es muß zweifelsfrei der beiderseitige Wille erkennbar sein, das Arbeitsverhältnis zu beendigen.

Auch nach einem *Aufhebungsvertrag* besteht ein Zeugnisanspruch, wobei es zweckmäßig ist, den Zeugnisinhalt im Aufhebungsvertrag festzulegen, um nachträglich Streitigkeiten zu vermeiden.

3. Bei Vertragsbruch

Hueck[5] hält den Anspruch auf sofortige Zeugniserteilung auch dann für gegeben, wenn der Arbeitnehmer ohne berechtigten Grund und ohne Einhaltung der Kündigungsfrist den Dienst verläßt, da „in dem Verlangen zum mindesten eine Kündigung mit gesetzlicher oder vertraglicher Frist liegt“. Dieser Auffassung kann nicht gefolgt werden. Wer ohne Veranlassung seines Arbeitgebers *vertragsbrüchig* wird und somit *treuewidrig* handelt, kann nicht an die Fürsorgepflicht des Arbeitgebers appellieren und muß es hinnehmen, daß dieser ohne besondere Eile die Entlassungspapiere ausfertigt, wenngleich damit einer ungebührlichen Verzögerung nicht das Wort geredet werden soll.

Verlangt der vertragsbrüchig gewordene Arbeitnehmer ein Zeugnis, dann darf der Arbeitgeber allerdings nicht vermerken, daß jener unter Vertragsbruch ausgeschieden ist[6]. Dies könnte dem Arbeitnehmer im weiteren Verlaufe seines Berufslebens zum Verhängnis werden, jedenfalls sein künftiges Fortkommen in konjunkturgeschwächten Zeiten erheblich erschweren. Es wäre daher unzulässig zu schreiben, daß der Arbeitsplatz „vertragswidrig und vorzeitig“ verlassen worden sei, ebenso auch die Formulierung „vorzeitig und ohne Einhaltung der Kündigungsfrist“[7]. Allerdings kann die Tatsa-

5 Bei *Hueck/Nipperdey,* a.a.O., S. 462.
6 *LAG Köln,* 8. 11. 1989, BB 1990 S. 856 (nur Leitsatz).
7 *LAG Hamm,* 24. 9. 1985, NZA 1986 S. 99 (nur Leitsatz).

che des Vertragsbruchs im qualifizierten Zeugnis bei der Charakterisierung der „Führung“ einfließen (vgl. Kap. VII. 4.b).

Der unter Vertragsbruch ausgeschiedene Arbeitnehmer kann nicht erwarten und auch nicht verlangen, daß die *Daten* des Zeugnisses kaschiert werden, um das Ausscheiden zu einem ungewöhnlichen Zeitpunkt nicht sichtbar zu machen. Das Ende der Tätigkeit ist wahrheitsgemäß zu vermerken, wenn auch nicht besonders hervorzuheben.

4. Erteilung eines Zwischenzeugnisses

Nicht abschließend geklärt ist, ob der Arbeitgeber – unabhängig von den unter Ziffer 1. behandelten Fällen des vorläufigen Zeugnisses – *während* des Arbeitsverhältnisses zur Ausstellung eines sogenannten Zwischenzeugnisses verpflichtet ist, wenn also eine Beendigung *nicht* bevorsteht. Es fehlt an einer gesetzlichen Vorschrift, allerdings können Tarifverträge dies vorsehen (wie z. B. § 61 BAT). In Betracht kommen folgende Fälle:

a) Bei Fortbildung

Der Arbeitgeber sollte strebsamen Betriebsangehörigen bei der Vorbereitung zum Besuch einer Fach- oder Hochschule helfen. Wo die Zulassung zum Schulbesuch oder zur Aufnahmeprüfung von einem Zeugnis des Arbeitgebers abhängig gemacht wird, kann man eine Verpflichtung hierzu anerkennen. Gleiches gilt für die Teilnahme an Weiterbildungseinrichtungen (Fernkurse, Lehrgänge, Abendschulen). Abgesehen von der sittlichen Pflicht zur Förderung eines solchen Strebens, ist es auch eine Rechtspflicht zu helfen.

b) Bei Versetzung

Häufig wird der Wunsch nach einem Zeugnis laut, wenn der Arbeitnehmer innerhalb des Betriebes versetzt wird. Man möchte die am bisherigen Arbeitsplatz ausgeübte Tätigkeit oder das gute Zusammenspiel mit dem bisher zuständigen Vorgesetzten dokumentiert haben. Der *Beamte* kann bei Versetzungen, Abordnungen oder selbst bei Auflösung der Behörde kein Zwischenzeugnis verlangen, wohl aber der *Angestellte* im öffentlichen Dienst (vgl. unten e). Beamte erhalten bei solchen Personalmaßnahmen statt eines Zwischenzeugnisses eine „Dienstliche Beurteilung“ (vgl. Kap. VI. 2. i).

In der Privatwirtschaft kann bei Versetzungen von einer Abteilung in die andere dann ein Zeugnisanspruch anerkannt werden, wenn es in dem Betrieb nicht üblich ist, periodisch Personalbeurteilungen zu den Personalakten, natürlich mit Information des Arbeitnehmers, durchzuführen. Es kann sich dabei um andersartige Tätigkeit, aber auch um ein neues Vorgesetztenverhältnis handeln, womit ein neuer Abschnitt im betrieblichen Leben des Arbeitnehmers eingeleitet wird. Ein solcher Wechsel kann für den Betroffenen sehr wesentlich sein und bei einem späteren Ausscheiden mit Zeugnisanspruch von erheblicher Bedeutung werden. Es ist dabei unerheblich, ob eine solche Dokumentation Zwischenzeugnis oder „Vermerk zu den Personalakten“ (mit Abschrift für den Arbeitnehmer) genannt wird.

Bei *Versetzungen innerhalb eines Unternehmens* mit in der Personalverwaltung selbständigen Werken oder Niederlassungen (oder anderen Außenstellen) ist ein Anspruch auf Erteilung eines Zwischenzeugnisses zu bejahen, da es sich um andere Vorgesetzte, meist auch um andere Aufgaben, in jedem Falle um eine neue Betriebsatmosphäre handelt.

c) Bei Änderung des Gefüges

Für Führungskräfte in größeren Unternehmen kann bei Änderung ihrer Struktur (Umwandlung einer Personal- in eine Kapitalgesellschaft, wesentliche Änderung der Kapitalmehrheit, Fusionen, völlige Umgestaltung der Gesellschaftsorgane usw.) das Bedürfnis nach einem Zwischenzeugnis hervortreten; vielleicht ist eine Dokumentation durch die bisherige Unternehmensspitze für den *leitenden Angestellten* gar von schicksalhafter Bedeutung. Auch für *Organmitglieder* kann es bedeutsam werden, von dem bisherigen Aufsichtsrat ein entsprechendes Zeugnis zu erhalten. In Fällen solcher Art muß der Anspruch als begründet anerkannt werden.

Anzuerkennende Gründe für die Ausstellung eines Zwischenzeugnisses liegen auch vor, wenn der bisherige Arbeitgeber *wegfällt* – wie beim *Konkurs* (falls das Arbeitsverhältnis fortgesetzt wird, wobei der jetzige Gemeinschuldner zur Ausstellung verpflichtet ist, vgl. auch Kap. IX) oder bei der *Betriebsübernahme*. Jedenfalls können leitende Angestellte und Arbeitnehmer in Vertrauensstellung das Zwischenzeugnis verlangen, wenn das Arbeitsverhältnis mit dem Bertriebsnachfolger (etwa gemäß § 613a BGB) fortgesetzt wird[8]; dasselbe gilt bei einer Betriebs- oder Unternehmensaufspaltung, wenn der Arbeitgeber wechselt.

---

8 *LAG Nürnberg*, 28. 7. 1972–6 Sa 2/72.

d) Sonstige Fälle

In der betrieblichen Praxis wird oft der Wunsch nach Erteilung eines Zwischenzeugnisses geäußert, ohne sich dabei auf einen der Gründe in den vorhergehenden Kapiteln a) bis c) zu berufen.

Wird der Arbeitnehmer zum *Wehr- oder Zivildienst* einberufen, so ist der Anspruch auf ein Zwischenzeugnis zu bejahen, zumal diese Dienstzeit auch beruflich eine gewisse Zäsur darstellt. Dagegen rechtfertigt der Antritt des (auch mehrmonatigen) Erziehungsurlaubs nach dem Bundeserziehungsgeldgesetz nicht die Erteilung, es sei denn, daß während dieser Urlaubszeit betriebliche Änderungen zu erwarten sind und somit die oben genannten Gründe vorliegen.

Wenn sich der Arbeitnehmer vergewissern will, wie er beurteilt wird, um hieraus Aufstiegsmöglichkeiten zu sehen oder zu erkennen, daß er bei dem nach seiner Ansicht großen Potential an Können und Wissen nicht genügend gewertet wird, kann er sich durch *Einsicht in seine Personalakten,* durch die Regelung in § 83 BetrVG gesichert, hinreichend orientieren, zumal üblicherweise periodisch erstellte Beurteilungen in den Personalakten niedergelegt sind. Besteht eine solche Praxis nicht, so kann er von seinem in § 82 BetrVG verbrieften Recht Gebrauch machen, von seinen Vorgesetzten zu erfahren, wie er beurteilt wird, ob und welche Möglichkeiten seiner beruflichen Entwicklung im Betrieb gegeben sind.

Vielfach beruht der Wunsch nach einem Zwischenzeugnis auf dem Vorsatz, den Stellenmarkt zu testen, wo sich bessere Entwicklungsmöglichkeiten eröffnen ließen. Ein gewisser *Abkehrwille* wird dadurch offenbar, ein Moment der Unruhe erfaßt das Arbeitsverhältnis. Dies ist zwar zunächst noch kein ausreichender Grund für den Arbeitgeber, sich wegen der Unstabilität des vom Arbeitnehmer ausgefüllten Arbeitsplatzes Gedanken über eine mögliche Neubesetzung machen zu müssen. Die *permanente Reizwirkung,* die von zum Teil bombastisch aufgemachten Stellenanzeigen in Tages- und Fachzeitungen ausgeht, bringt ohnehin eine fortgesetzte Unruhe in das Kollektiv der Betriebsangehörigen aller Gruppen, zumal die meisten Angebote anonymer Arbeitgeber großsprecherische Vorteile in Aussicht stellen, die in ihrer unbestimmten Formulierung selten realisiert werden.

Wer aber *fortgesetzt Bewerbungen schreibt* und zu erkennen gibt, daß er sich ernsthaft um einen Stellenwechsel bemüht, setzt sich der Gefahr aus, daß ihm gekündigt wird[9]. So ist das Abtasten des Arbeitsmarktes nicht ohne Konsequenzen.

9 *LAG Baden-Württemberg,* 10. 11. 1959, BB 1960 S. 1020; *BAG,* 22. 10. 1964, BB 1965 S. 85.

Der Arbeitnehmer hat keinen Anspruch darauf, daß der Arbeitgeber bei der Erteilung des endgültigen Zeugnisses exakt die Formulierungen aus früher erteilten Zeugnissen übernimmt[10]. Der Arbeitgeber ist in Wortwahl und Ausdruck an ein früher erteiltes Zeugnis nicht gebunden. Er kann im endgültigen Zeugnis ungünstigere Beurteilungen vornehmen, wenn zwischenzeitlich entsprechende Vorfälle dies rechtfertigen; zu beachten ist aber, daß die Beurteilung dem gesamten Zeitraum der Beschäftigung gerecht werden muß; daher dürfen jüngste und negative Vorfälle ein im übrigen positives Bild nicht unverhältnismäßig „verfärben". Ist z. B. das Zwischenzeugnis nicht älter als etwa 1–2 Jahre, liegt es also noch in einem verwertbaren Zeitraum, so besteht ein besonders gewichtiges Indiz dafür, daß die Formulierungen im Zwischenzeugnis zutreffend sind[11]; daher müssen inhaltliche Abweichungen zum Nachteil des Arbeitnehmers im „Abschluß"-Zeugnis gerechtfertigt sein durch jüngere Vorfälle, die zugleich charakteristisch und für das Gesamtbild prägend sind.

Wer im Betrieb die Beschäftigungsart wesentlich ändert (zuerst Kfz.-Meister, dann Auto-Verkäufer), bei diesem Wechsel ein Zeugnis erhält, der kann bei seinem Ausscheiden fast 10 Jahre danach allerdings verlangen, daß im „Abschluß"-Zeugnis nunmehr zumindest sinngemäß für die damalige Beschäftigungsart wiederholt wird, was im Zwischenzeugnis vermerkt wurde[12].

Die Ausführungen über das *vorläufige Zeugnis* werden hiervon nicht berührt. Doch wird im Sprachgebrauch - auch in manchem MTV - nicht exakt zwischen einem vorläufigen und einem Zwischenzeugnis unterschieden. Im Gegensatz zum Zwischenzeugnis steht das vorläufige Zeugnis im Zusammenhang mit der *baldigen Beendigung* des Dienst- und Arbeitsverhältnisses (durch Kündigung oder Zeitablauf); der Begriff des vorläufigen Zeugnisses wird in diesem Sinne auch vom Gesetzgeber (vgl. das Soldaten- bzw. Zivildienstgesetz) und von den Tarifvertragsparteien (vgl. § 61 BAT) verstanden.

e) Angestellte und Arbeiter im öffentlichen Dienst

Den Angestellten im öffentlichen Dienst ist insoweit mehr zugestanden. Sie sind nach § 61 Abs. 2 BAT berechtigt, „aus triftigen Gründen auch während des Arbeitsverhältnisses ein Zeugnis zu verlangen". Die „triftigen Gründe" sind indes nicht weiter erläutert. Die Auffassungen der Beteiligten werden wahrscheinlich darüber

10 *LAG Düsseldorf,* 2. 7. 1976, BB 1976 S. 1562.
11 *LAG München,* 13. 1. 1988 – 7 Sa 832/87.
12 *LAG Baden-Württemberg,* 6. 2. 1968, BB 1968 S. 381.

auseinandergehen, wann eine solche Situation eingetreten ist, die das Zeugnisverlangen rechtfertigt. Nicht jeder Vorgesetztenwechsel wird ein triftiger Grund sein, auch nicht eine Veränderung in der politischen Zusammensetzung der parlamentarischen Vertretung, auch nicht generell eine Einsichtnahme in die Personalakten, die nach § 13 BAT zulässig ist. Als triftige Gründe werden aber anerkannt werden müssen:

aa) Besuch einer Verwaltungsakademie, einer Fach- oder Hochschule zur Weiterbildung,
bb) Auflösung oder Zusammenlegung der Behörde oder Verwaltung mit einer anderen,
cc) Versetzung zu oder Übernahme in den Dienst einer anderen Behörde oder Verwaltung,
dd) Übernahme ins Beamtenverhältnis,
ee) Weiterbeschäftigung nach Erreichen der Altersgrenze (§ 60 BAT).

Auch *Arbeitern* muß bei *berechtigtem Interesse* das Recht auf ein Zwischenzeugnis zugestanden werden.

V. Erlöschen des Zeugnisanspruchs

1. Erfüllung, Wechsel der Zeugnisart

Wie jeder andere privatrechtliche Anspruch erlischt auch der Zeugnisanspruch durch seine Erfüllung (§ 362 BGB). Der Erfüllungsanspruch besteht, solange dem Arbeitnehmer ein nach Form und Inhalt den gesetzlichen Vorschriften entsprechendes Zeugnis nicht erteilt ist (vgl. Kap. VIII. 2).

Die Frage nach der Anspruchserfüllung stellt sich insbesondere beim Wechsel der Zeugnisart – der Arbeitnehmer, der zunächst etwa zu schnellen Bewerbungszwecken nur ein einfaches Zeugnis wünscht und erhält, verlangt zu einem späteren Zeitpunkt ein qualifiziertes Zeugnis; umgekehrt kann sich herausstellen, daß die zusätzlichen Angaben über Leistung und Führung dem Bewerber bei der Stellensuche nicht förderlich erscheinen und daß ihm nunmehr das einfache Zeugnis genügt.

Der Arbeitnehmer hat zwar nur einen einzigen Anspruch auf *ein* Zeugnis (Wahlrecht analog § 315 BGB)[1], und mit der ursprünglichen Zeugniswahl ist der Anspruch erfüllt. Jedoch hat der Arbeitge-

---

1 Vgl. *Liedtke,* NZA 1988 S. 270.

ber aufgrund nachwirkender Fürsorgepflicht in der für ihn zumutbaren Weise zu unterlassen, was das Fortkommen erschweren würde, und daher ist dem Änderungswunsch zu entsprechen, *sofern* der Anspruch nicht bereits erloschen oder verwirkt ist (vgl. unten Ziffer 2 und 3).

Wurde ein qualifiziertes Zeugnis erteilt und wünscht der Arbeitnehmer nunmehr ein einfaches, so ist das qualifizierte Zeugnis allerdings zurückzugeben; der Arbeitnehmer verzichtet hierauf, er will es nicht verwenden und hat nur Anspruch auf ein einziges Zeugnisdokument.

Der Arbeitgeber hat auch ein Interesse an der Rückgabe, da sonst zwei eigenständige *Original*-Dokumente aus demselben Anlaß und für dieselbe Person ausgehändigt wären, was als seltsames Gebaren aufgefaßt werden könnte.

Wurde ein einfaches Zeugnis erteilt und wünscht der Arbeitnehmer jetzt ein qualifiziertes, so hat er das einfache Zeugnis aus den oben genannten Gründen zurückzugeben; befindet es sich zusammen mit seinen sonstigen Bewerbungsunterlagen bereits beim neuen Arbeitgeber, so kann unter Verweis auf das bereits erteilte Zeugnis lediglich die Beurteilung vermerkt werden (die Darstellung der „Art und Dauer" des Arbeitsverhältnisses entfällt).

2. Ausschlußfristen

Heute enthält nahezu jeder Mantel- oder Rahmentarifvertrag Ausschlußfristen für die Geltendmachung von Ansprüchen aus dem Dienst- und Arbeitsverhältnis[2].

Sofern diese Frist – in der Regel 1 bis 3 Monate, bei Arbeitern und Angestellten im öffentlichen Dienst: 6 Monate – nicht auf die Geltendmachung bestimmter Ansprüche beschränkt ist, gilt sie auch für den Zeugnisanspruch[3].

Zwar sind § 630 BGB und die entsprechenden Sondervorschriften zwingendes Recht, deren Gundsubstanz nicht durch Tarifvertrag abgeändert werden darf, aber dies schließt eine zeitliche Anspruchsbegrenzung nicht aus.

Die Ausschlußfrist für den Anspruch auf ein (endgültiges) Zeugnis beginnt mit dem letzten Tag der tatsächlichen Beendigung des

2 Vgl. *Leser,* AR-Blattei, „Ausschlußfristen im Arbeitsrecht".

3 *BAG,* 17. 2. 1988, BB 1988 S. 978; für die Ausschlußfrist in § 70 BAT: *BAG,* 23. 2. 1983, BB 1983 S. 1859 (nur Leitsatz); *Palandt (Putzo),* a.a.O., § 630 Anm. 1; *Baumbach/Duden/Hopt,* a.a.O., § 73 Anm. 1 A; *Schaub,* a.a.O., § 146 I 7.

Arbeitsverhältnisses[4], für den auf ein vorläufiges Zeugnis mit dem Tag des Zugangs der Kündigung.

Die Erhebung der *Kündigungsschutzklage* wahrt die Ausschlußfrist für den Zeugnisanspruch *nicht*; denn der Zeugnisanspruch setzt die Beendigung des Arbeitsverhältnisses voraus und kann schon deshalb nicht Gegenstand des Kündigungsschutzprozesses sein[5].

Der Arbeitnehmer kann den Anspruch auf ein endgültiges Zeugnis (neben der Kündigungsschutzklage) hilfsweise bzw. mit Eventualklage fristgerecht und für den Fall geltend machen, daß im Kündigungsschutzprozeß die Beendigung des Arbeitsverhältnisses festgestellt werden sollte.

Wird der Zeugnisanspruch nicht innerhalb der Ausschlußfrist geltend gemacht, so ist er *erloschen* – zur Frist für den Anspruch auf Zeugnisänderung vgl. Kap. VIII.

3. Verjährung, Verwirkung, Verzicht

Wird der Anspruch auf Erteilung eines Zeugnisses *nicht* von einer tariflichen Ausschlußfrist erfaßt, so unterliegt er der Verjährung. Die Verjährungsfrist beträgt zwar 30 Jahre (§ 195 BGB), aber schon erheblich früher ist die *Verwirkung* des Anspruchs eingetreten.

Die Verwirkung setzt voraus, daß der Arbeitnehmer längere Zeit zuwartet und nichts unternimmt (sogenanntes Zeitmoment) und sein Verhalten vom Arbeitgeber nur so aufgefaßt werden kann, daß er dem Zeugnis keine besondere Bedeutung beimesse, daß er keinen Wert mehr auf das Zeugnis lege bzw. daß der Arbeitgeber davon ausgehen konnte, die Sache habe damit ihr Bewenden (sogenanntes Umstandsmoment); eine verspätete Geltendmachung würde gegen Treu und Glauben verstoßen. Exakte zeitliche Grenzen, ab welchem Zeitpunkt der Anspruch auf Erteilung eines Zeugnisses verwirkt ist, können aber nicht aufgezeigt werden; es hängt von den jeweiligen Umständen des Einzelfalles ab.

Zeugnisunterlagen sind nicht gesondert zu verwahren, sie sind Bestandteil der Personalakte. Für die Erteilung eines Zeugnisses sind solche Personalunterlagen notwendig. Je nach Größe und Ordnung des Betriebes werden Personalakten oder Personalkarteien geführt, die für eine gewisse Zeit als Unterlage zur Ausstellung eines Zeugnisses dienen können. Da Arbeitsverträge zu ihrer Gültigkeit keiner Form bedürfen (es sei denn, tarifvertraglich ist etwas anderes

---

4 *BAG,* 23. 2. 1983 – wie Anm. 3.

5 *BAG,* 18. 12. 1984, BB 1985 S. 590; 13. 9. 1984, BB 1985 S. 996.

bestimmt), gibt es für die große Zahl an Arbeitskräften einfacher Art (ungelernte Arbeiter, Saisonarbeiter, Bauhilfskräfte etc.) außer der Lohnliste kaum eine Unterlage, mitunter nicht einmal eine Karteikarte. Erst bei den weiteren Stufen der betrieblichen Hierarchie nehmen die Unterlagen an Umfang und Bedeutung zu. Für Angestellte werden üblicherweise Personalakten angelegt; bei Führungskräften haben diese gar einen beachtlichen Umfang. Jedoch ist die Art richtiger Personalverwaltung nicht vorgeschrieben. Es gibt auch *keine* gesetzlich fixierte Aufbewahrungspflicht von Personalunterlagen bzw. Aufbewahrungsfristen – detaillierte Regelungen über die Personalakte sind in einem Entwurf zur Änderung des Bundesbeamtengesetzes vorgesehen (Aufbewahrungsfrist von 5 Jahren nach Abschluß der Personalakte).

Ob die Aufbewahrungsfrist von 6 Jahren für Buchungsbelege und Lohnrechnungsunterlagen nach Handels- und Steuerrecht (§ 257 HGB, § 147 AO) auf Personalunterlagen übertragbar ist, mag dahinstehen – ein *einfaches* Zeugnis, das lediglich über die Art und Dauer der Beschäftigung Auskunft zu geben hat, läßt sich mit Hilfe dieser Unterlagen in der Regel erstellen. Auf diese 6jährige Aufbewahrung von Personalunterlagen wird der Arbeitgeber dann Wert legen, wenn es sich um qualifizierte Mitarbeiter gehandelt hat und wenn diese noch am Leben sind; zum Nachweis für Versorgungsansprüche werden aber auch über diesen Zeitraum hinaus Auskünfte erbeten, die man tunlichst erteilen sollte. Daher wäre es empfehlenswert, wenigstens die Karteikarten, die weniger Raum als vollständige Akten beanspruchen, so lange wie nur möglich aufzubewahren. Sofern Art und Dauer der Beschäftigung aus den für die Steuerprüfung aufzubewahrenden Unterlagen nicht ersichtlich sind, sollte zumindest eine Karteikarte für die Dauer von 6 Jahren aufbewahrt werden[6]; solange solche Unterlagen vorhanden sind, kann das einfache Zeugnis verlangt werden.

Anders ist jedoch das Verlangen nach einem *qualifizierten* Zeugnis zu beurteilen. Der Arbeitgeber wird von seiner Pflicht zur Erteilung dieses Zeugnisses frei, „wenn wegen der Länge der verflossenen Zeit ihm eine hinreichende Erinnerung an die zu bezeugenden Tatsachen nicht zuzumuten ist“[7].

Sofern das Mitarbeiter-*Beurteilungsverfahren* durchgeführt wurde, können noch vorhandene Bewertungsunterlagen hilfreich sein; jedoch ist es für eine zuverlässige Beurteilung erforderlich, daß sich

---

6 So auch *Baumbach/Duden/Hopt,* a.a.O., § 73 Anm. 1 A.

7 *Hueck/Nipperdey,* a.a.O., S. 463; vgl. auch *BAG,* 29. 1. 1986, NZA 1987 S. 384 (nur Leitsatz).

der Arbeitgeber noch an die Person und deren Qualifikation genau erinnern kann, um die Verantwortung für das Zeugnis übernehmen zu können. Je nach Betriebsgröße, Häufigkeit des Personalwechsels und je nach der Stellung des ausgeschiedenen Mitarbeiters wird der Zeitpunkt, zu dem der Zeugnisanspruch noch als gerechtfertigt anzusehen ist, verschieden sein; der Arbeitgeber oder sein Vertreter wird sich an eine Spitzenkraft sicherlich stärker erinnern können als an das Glied einer in sich variablen Arbeitsgruppe. Als *grobe Faustregel* kann der Zeitraum von etwa einem halben Jahr genommen werden; die Erinnerung verblaßt erfahrungsgemäß nach Ablauf dieses Zeitraums jedenfalls bei Durchschnittskräften, die man schneller „vergißt" als einen herausragenden Mitarbeiter.

Da für die Erstellung eines qualifizierten Zeugnisses noch das Erinnerungsvermögen vorhanden sein muß, ist der Anspruch auf ein solches Zeugnis zu einem wesentlich früheren Zeitpunkt verwirkt als derjenige auf ein einfaches Zeugnis; daher ist stets zu empfehlen, möglichst umgehend den Zeugnisanspruch geltend zu machen und nicht Monate zuzuwarten, um nicht mit dem Verdikt der Verwirkung belegt zu werden.

Ein *Verzicht* auf Erteilung eines Zeugnisses während der Dauer des Arbeitsverhältnisses ist unwirksam, da die Zeugnisvorschriften zwingendes Recht sind, auf das nicht verzichtet werden kann. Ob dies auch für die Zeit *nach* Beendigung des Arbeitsverhältnisses gilt, ist zweifelhaft. Das *BAG*[8] hat einen Verzicht nicht gänzlich ausgeschlossen. Doch ist insoweit Vorsicht geboten; es müßte eine ausdrückliche Erklärung vorliegen, die, ohne Willensmängel, einen Verzicht zum Inhalt hat, z. B. bei Selbständigmachung oder nach Übernahme als Beamter im öffentlichen Dienst oder nach Erreichung der Altersgrenze.

In *Ausgleichsquittungen* (Ausgleichsklauseln), die bei Beendigung eines Arbeitsverhältnisses oder nach einem abgeschlossenen Arbeitsgerichtsprozeß erteilt werden, wie etwa „Damit sind sämtliche Ansprüche aus dem Arbeitsverhältnis erledigt", kann nicht ein Verzicht auf Erteilung eines Zeugnisses gesehen werden[9]; denn dabei sind nur finanzielle bzw. vom Arbeitnehmer ohne weiteres „überschaubare" Ansprüche gemeint – allerdings erfaßt diese Klausel den insoweit überschaubaren Anspruch auf *Berichtigung* eines bereits erteilten Zeugnisses[10].

8 Urteil vom 16. 9. 1974, BB 1975 S. 136 = NJW 1975 S. 407; *Baumbach/Duden/Hopt,* a.a.O., Anm. 1 A zu § 73.

9 *BAG* – wie Anm. 8.

10 *ArbG Wilhelmshaven,* 26. 2. 1971, AuR 1972 S. 25.

VI. Inhalt des Zeugnisses

Je nach dem Anlaß und Zeitpunkt gibt es verschiedene Zeugnisarten; das Zeugnis wird als Ausbildungszeugnis, als „vorläufiges Zeugnis" (vgl. Kap. IV. 1) und als (endgültiges) Arbeitszeugnis bzw. Dienstzeugnis oder als „Zwischenzeugnis" (vgl. Kap. IV. 4) bezeichnet.

Das von einem Vorgesetzten oder leitenden Angestellten im eigenen Namen ausgestellte sogenannte *Referenz-Zeugnis* stellt kein Zeugnis im Sinne der gesetzlichen Vorschriften dar; es ist eine freundliche Geste, um seinem Mitarbeiter bei der Stellensuche behilflich zu sein, aber sie berührt die Pflicht des Arbeitgebers zur Zeugnisausstellung nicht. Da das Referenz-Zeugnis eine eigene, nicht aber dem Arbeitgeber zurechenbare Erklärung darstellt, kann der Arbeitnehmer nicht verlangen, daß die Beurteilung aus der Referenz in das Zeugnis übernommen wird[1].

Inhaltlich ist zwischen dem „einfachen" und dem „qualifizierten" Zeugnis zu unterscheiden.

1. Das einfache Zeugnis

Der Ausdruck „einfaches Zeugnis" hat sich eingeprägt, obwohl, bei richtiger Darstellung, von einem „einfachen" Zeugnis nicht gesprochen werden kann. Denn die vollständige Erörterung der Art des Arbeitsverhältnisses kann „qualifizierter" sein als die auf Verlangen ergänzten Angaben über Leistungen und Führung im Dienst (vgl. Kapitel 2). Doch soll es bei dem derzeitigen Sprachgebrauch sein Bewenden haben, um Verwirrungen zu vermeiden.

Das Zeugnis soll über Art und Dauer des Arbeitsverhältnisses Auskunft geben. Diese Angaben müssen eine erschöpfende Darstellung enthalten und der objektiven Wahrheit entsprechen.

a) Art des Arbeitsverhältnisses

Die Erläuterungen zur Art der Tätigkeit sind ein getreues Spiegelbild aller vom Zeugnisempfänger ausgeführten Tätigkeiten und Arbeiten. Hilfreich für die Darstellung kann die Übernahme aus der Stellenbeschreibung, sofern sie auf den neuesten Stand fortgeschrieben ist, in Verbindung mit den bereits erteilten Zeugnissen bzw. mit Angaben im Mitarbeiter-Beurteilungsverfahren sein. Die Ausführlichkeit hängt dabei durchaus von der Qualifikation, im gewissen

---

1 Vgl. im übrigen *Schleßmann,* BB 1988 S. 1320 (1322).

Rahmen auch von der Dauer der Betriebszugehörigkeit ab, da einfache Arbeiten nur einfach dargestellt werden können, bei höherem Leistungsstand und längerer Tätigkeit ausführlicher berichtet werden muß.

Die *Berufsbezeichnung* genügt dabei keineswegs. Ein gelernter Werkzeugmacher kann dauernd oder überwiegend im Vorrichtungsbau, aber auch – entsprechend seinem Wunsch – in der Bohrerei mit Akkordarbeiten beschäftigt worden sein. Eine Auslandskorrespondentin will nachweisen können, daß sie in einer Exportabteilung Diktate in einer Fremdsprache aufnehmen konnte oder als Übersetzerin, als Dolmetscherin, als Sachbearbeiterin oder als Sekretärin des Exportleiters eingesetzt war. Bei einem Dipl.-Volkswirt genügt nicht die Angabe, daß er in einer Betriebswirtschaftsabteilung „anfallende Aufgaben" erledigt habe; für seine berufliche Qualifikation ist wesentlich, ob er den Jahresabschluß oder eine Nachkalkulation erstellt oder Revisionsaufgaben selbständig durchgeführt hat und dgl. Bei technischen Angestellten ist ebenfalls eine Spezifikation vonnöten. Diese *kann* mitunter einfach sein, so bei der Funktion „Leiter unserer Härterei", „unserer Lehrwerkstatt für Elektronik" u. ä., weil hieraus unschwer der Umfang der Qualifikation zu erkennen ist. Bei einem Konstrukteur aber wäre anzufügen, zu welcher Konstruktions*gruppe* der Beurteilte gehörte und mit welchen Aufgaben er betraut war (z. B. in einer Kfz-Fabrik: Konstruktionsabteilung für hydraulische Bremsen, für Einspritzpumpen, für Karosserien usw.), ob er für ein Teilgebiet Gruppenleiter oder ob er Detailkonstrukteur war, ob ihm Sonderaufgaben gestellt waren, ob er patentfähige Erfindungen gemacht hat u.a.m.

Die Angabe der *Tarifgruppe* ist mitunter sehr aufschlußreich, sofern sich hieraus für einen Dritten erkennen läßt, welche Qualifikationsmerkmale mit der Eingruppierung verbunden sind.

Die *chronologische Schau* ist vollständig sichtbar zu machen. Hieraus läßt sich die innerbetriebliche, fachliche Entwicklung, die zeitliche Abfolge der Beförderungen ablesen, die von besonderem Aussagewert sind; denn wer die betriebliche „Stufenleiter" hinaufsteigt, wird kein mittelmäßiger Mitarbeiter sein. Ein steigendes Maß an Verantwortung weist auch ohne Leistungsprädikat auf das Potential an Zuverlässigkeit und Durchsetzungsvermögen hin. Schwächen an Leistungsstärke sind an der Darstellung der beruflichen Entwicklung in dem Arbeitsverhältnis abzulesen, was je nach dem Lebensalter und den damit verbundenen Erwartungen für den beruflichen Leistungsstand einem neuen Arbeitgeber wichtig erscheinen muß, aber auch von dem Berufstätigen erbrachte Leistungen und bewiesenes Können zur Festigung seines Selbstbewußtseins dokumentiert.

Die objektive *Ausführlichkeit* der Art des Arbeitsverhältnisses kann für den Betroffenen wesentlicher sein als ein qualifiziertes Zeugnis; dieses kann ja nur in Ausnahmefällen frei von subjektiven Bestandteilen sein, auf die mancher ausscheidende Mitarbeiter keinen Wert legt. Bei der Tätigkeitsbeschreibung hat der Arbeitgeber, wie das *BAG*[2] hervorhebt, einen weit geringeren Beurteilungsspielraum als bei der Leistungsbewertung. Die Tätigkeiten des Arbeitnehmers sind so vollständig und genau zu beschreiben, daß sich künftige Arbeitgeber ein klares Bild machen können. Unwesentliches darf dabei verschwiegen werden, nicht aber Aufgaben und Tätigkeiten, die ein Urteil über die Kenntnisse und die Leistungsfähigkeit des Arbeitnehmers erlauben.

Durch den technischen Fortschritt sind neue Arbeitsplätze entstanden. Die *elektronische Datenverarbeitung* hat die Arbeitswelt entscheidend verändert. Hier sind Spezialisten verschiedener Normung eingesetzt, deren Tätigkeit nicht in den Rahmen herkömmlicher Bezeichnungen paßt. Differenzierte Bezeichnung der Aufgaben ist geboten. Das Vokabularium, reichlich bemessen, nennt wichtige Unterscheidungsmerkmale. Parallelen zeigen sich in korrespondierenden Teilbereichen der Technik, hier besonders in Entwicklung und Konstruktion.

Ohnehin ist eine *Spezialisierung vieler Arbeitsplätze* eingetreten, die eine immer stärkere Bedeutung erlangt, nicht immer zum Vorteil des Arbeitnehmers, da seine Verwendungsmöglichkeit nur auf die hochqualifizierten besonderen Tätigkeiten abgestellt ist, diese Arbeitsplätze mit Spezialkenntnissen aber im Zuge der weiteren technisch-fachlichen Entwicklung nicht auf die Dauer gesichert erscheinen, z. B. durch *Mikroprozessoren* und andere bahnbrechende Erfindungen.

Im Zeugnis muß eine Spezialkenntnis ausführlich behandelt werden.

Zu erwähnen sind auch außer der Reihe erfolgte Heraushebungen wie z. B. patentfähige Erfindungen oder Verbesserungsvorschläge von besonderem Wert, wegen Verkaufserfolgen erfolgte Höhergruppierungen, außertarifliche Zulagen, Vollmachten, Anerkennungsschreiben (diese Angaben bieten zugleich ein beachtliches Leistungsbild); jedoch ist eine exakte Aufzählung von Patenten, bei denen der Arbeitnehmer als Erfinder oder Miterfinder benannt wurde, nicht geboten.

---

2 *BAG*, 12. 8. 1976, BB 1976 S. 1516 (nur Leitsatz).

Wettbewerbsabreden gehören nicht zum notwendigen Inhalt eines Zeugnisses; sie stehen mit der Art der Beschäftigung, übrigens auch mit der Leistung und Führung, in keinem Zusammenhang[3]; auf Wunsch des Arbeitnehmers kann diese Abrede jedoch erwähnt werden.

Je höher die *Leitungsbefugnisse* waren, um so umfangreicher und erschöpfender muß die Darstellung der Arbeitsart und des Arbeitsumfangs sowie des Maßes der Verantwortung sein. Es geht um die objektiven Merkmale, um den festumrissenen Sachverhalt, um Aufgabe und Inhalt des Arbeitsplatzes, bei Änderungen im Laufe eines Arbeitsverhältnisses um die chronologisch aufgezählten Arbeitsplätze des Arbeitnehmers. Es darf nichts weggelassen, nichts übergangen, nichts unerwähnt gelassen werden, was den Arbeitnehmer in seiner Wertigkeit charakterisiert; doch darf auch nichts beschönigt und bedeutsamer dargestellt werden, um damit eine Empfehlung auszudrücken, die objektiv nicht zu rechtfertigen wäre.

Allerdings kann der Arbeitnehmer *nicht selbst formulieren*, um hierbei in seine meist höchst subjektiv gefärbten Wunschvorstellungen hineinzuwirken. Solche Ansprüche werden gelegentlich von solchen Mitarbeitern gestellt, die sich selbst überschätzen. Die Formulierung im einzelnen ist Sache des Arbeitgebers[4]. Vor allem kann der Arbeitnehmer nicht erwarten, daß jede *Einzelheit* seiner Tätigkeit gewürdigt wird, insbesondere nicht behauptete Einsparungen oder Verbesserungen oder irgendwelche Vorteile für den Betrieb, wenn solche Erfolge nicht gänzlich oder entscheidend das Verdienst des Arbeitnehmers waren oder gar nicht entstanden, sondern Gedankenblüten des Betroffenen sind.

Erwähnenswert ist aber, wenn er an beruflichen *Fortbildungsmaßnahmen* (wann, jeweils wie lange, bei welchem Fortbildungsträger?) teilgenommen hat; gegebenenfalls ist auf ein „Fortbildungszeugnis" oder eine entsprechende Teilnahmebestätigung zu verweisen.

Genießt der Fortbildungsträger in der betreffenden Branche ein besonderes Ansehen, so sollte er namentlich im Zeugnis genannt werden, da der erfolgreiche Besuch solcher Veranstaltungen Hinweise auf die Qualifikation des Arbeitnehmers gibt.

Es sind aber nur die Fortbildungsmaßnahmen erwähnenswert, die im Zusammenhang mit dem Dienst- oder Arbeitsverhältnis stehen; berufsfremde Veranstaltungen, mögen sie auch der Erweiterung des allgemeinen Wissensstandes dienen, werden nicht vermerkt. Uner-

---

3 *LAG Hamm,* 10. 5. 1962, BB 1962 S. 638; *Gaul,* a.a.O., L III Anm. 19.
4 *BAG,* 8. 2. 1984 – 5 AZR 58/82; *BAG,* 29. 7. 1971, BB 1971 S. 1280.

wähnt bleiben auch berufliche Fortbildungsveranstaltungen, die so lange zurückliegen, daß sie heute keine „Nachwirkungen" mehr haben – es ist aber schwierig, zeitliche Grenzen anzugeben.

Mit der Art des Arbeitsverhältnisses hat indessen eine *Funktion* als *Arbeitnehmervertreter* nichts zu tun. Die Mitgliedschaft im Betriebsrat (auch Jugendvertretung) bzw. Personalrat, die Entsendung in den Aufsichtsrat oder die Funktion als Vertrauensmann der Schwerbehinderten dürfen in einem Zeugnis nicht erwähnt werden, erst recht nicht die Tätigkeit als Vertrauensmann der Gewerkschaft im Betrieb[5]. Es darf hierauf auch nicht mittelbar etwa durch die Umschreibung hingewiesen werden, er sei für die Interessen der Arbeitnehmer innerhalb und außerhalb des Betriebes engagiert eingetreten[6]. Das sind zwar Funktionen, die nur durch das Arbeitsverhältnis möglich sind, aber sie sind diesem nicht immanent; vor allem sind sie dem Direktionsrecht des Arbeitgebers völlig entzogen. Diese Funktionen sind hingegen zu erwähnen, wenn der Arbeitnehmer es wünscht[7] oder wenn eine *Freistellung* als Mitglied des Betriebsrats über einen größeren Zeitraum erfolgte und er durch die Dauer dieser Amtsausübung seiner Tätigkeit völlig entfremdet ist[8]; denn bei längerer Freistellung ist ohne deren Erwähnung die „Art des Arbeitsverhältnisses" nicht mehr darstellbar (ein qualifiziertes Zeugnis entfällt in der Regel, weil die „Leistung" nicht zu charakterisieren ist).

b) Dauer des Arbeitsverhältnisses

Auch für die Dauer des Arbeitsverhältnisses, über die das Zeugnis Auskunft erteilen soll, gilt die Wahrheitspflicht. Entscheidend ist die Dauer des *rechtlichen* Bestandes des Arbeitsverhältnisses, nicht seine tatsächliche Dauer, also der Zeitraum vom Abschluß des Arbeitsvertrages bis zum Ende der Kündigungsfrist, des Zeitablaufs bei Befristung oder der vereinbarten Auflösung. Die Auslegung, den rechtlichen Bestand als maßgebend zu erachten, ergibt sich nicht eindeutig aus dem Wortlaut der Zeugnisvorschriften, in denen einmal von „Dauer des Dienstverhältnisses" (§ 630 BGB), andererseits von „Dauer der Beschäftigung" (§ 73 HGB) die Rede ist. Vielmehr

5 *LAG Frankfurt,* 2. 12. 1983, AuR 1984 S. 287; *Schaub,* a.a.O., § 146 III 1; vgl. auch *Brill,* BB 1981 S. 616 ff. A. A. hinsichtlich Aufsichtsrat: *Schneider* bei der Buchbesprechung in RdA 1983 S. 251.
6 *ArbG Ludwigshafen,* 18. 3. 1987, BB 1987 S. 1464 (nur Leitsatz).
7 *LAG Frankfurt* – wie Anm. 5; *Palandt/Putzo* a.a.O., Anm. 3 zu § 630; *Baumbach/Duden/Hopt,* a.a.O., Anm. 2 B zu § 73.
8 *LAG Frankfurt* – wie Anm. 5; *ArbG Kassel,* 18. 6. 1976, BB 1976 S. 978.

ergibt sich dies aus der Pflicht zur wohlwollenden Formulierung. Denn sonst würde, wenn der Arbeitgeber mit der Kündigung den Arbeitnehmer ab einem beliebigen Tag von der Arbeit freistellt, dieser Freistellungstag im Zeugnis genannt, der sodann Anlaß zu ungerechtfertigten Vermutungen geben, ja sogar den Eindruck einer fristlosen Kündigung enstehen lassen könnte.

Nicht erwähnt werden tatsächliche und dem Arbeitsverhältnis immanente *Unterbrechungen* der Arbeitsleistung (Ausfallzeiten) wie Krankeit (vgl. aber unten sowie Abschn. 2. e), Urlaub, Freistellung, Arbeitsbefreiung aus den Fällen des § 616 BGB oder kraft tarifvertraglicher Regelung gestattete Teilnahme an Schulungskursen u. ä. Auch eine Beteiligung an einem Streik bzw. die Zeit der Aussperrung wird nicht erwähnt, zumal solche Arbeitskampfmaßnahmen das Arbeitsverhältnis nur suspendieren.

Allerdings wird der neue Arbeitgeber ein berechtigtes und verständliches Interesse daran haben zu erfahren, ob der Arbeitnehmer im wesentlichen tatsächlich gearbeitet und demgemäß praktische Erfahrungen gesammelt hatte; um diesem Informationsinteresse zu genügen, ist z. B. die Zeit des Wehr- bzw. Zivildienstes zu erwähnen. Aber auch ungewöhnliche, *länger dauernde* Zeiten der Befreiung von der Arbeitspflicht über zahlreiche Monate hinweg (wie z. B. wegen langdauernder Krankheit oder Heilverfahren, Verbüßen einer Freiheitsstrafe) – allerdings ohne Hinweis auf deren Gründe – sind zu vermerken, sofern die Unterbrechung im Zeitpunkt der Zeugnisausstellung die gesamte Beschäftigungszeit noch mitprägt. Als *Faustregel* kann gelten: Die Unterbrechung ist zu erwähnen, wenn sie etwa die Hälfte der Beschäftigungszeit ausmacht (und im Zeugnis ist zu formulieren: „Von . . . bis . . . war das Beschäftigungsverhältnis faktisch unterbrochen“). Sind es Zeiten mit Tätigkeiten, die den Wert des Arbeitnehmers zu steigern geeignet sind, wie Studium, Studienreisen oder Beurlaubungen zu Dienstleistungen im Rahmen der Entwicklungshilfe oder karitative Aufgaben, liegen entsprechende Angaben im Sinne des Arbeitnehmers.

Wenn auch das Schwergewicht auf der rechtlichen Dauer des Arbeitsverhältnisses liegt, so können tatsächliche Beschäftigungszeiten, die über den rechtlichen Bestand hinausgehen, nicht unberücksichtigt bleiben – ein solcher Ausnahmefall kann sich aufgrund des allgemeinen Weiterbeschäftigungsanspruchs ergeben (vgl. Kap. II. 10), wenn nämlich der Arbeitnehmer über das Ende der Kündigungsfrist hinaus bis zur Rechtskraft des Kündigungsschutzprozesses tatsächlich weitergearbeitet hatte; falls sich die Kündigung als rechtswirksam erweist, so ist es nicht zeugnisrelevant, ob für die während der Weiterbeschäftigung ausgetauschten Leistungen eine Rechtsgrundlage vorhanden war oder nicht, entscheidend ist, daß der Arbeitnehmer tatsächlich weitergearbeitet hatte. Problematisch ist, welches *Datum* für die Beendigung des Arbeitsverhältnisses anzugeben ist, zumal zwischen dem Ende der Kündigungsfrist und dem Tag der Rechtskraft des Kündigungsschutzprozesses ein erheblicher Zeitraum liegen kann:

- Würde auf das Ende der damaligen Kündigungsfrist abgehoben, so würde eine Datendiskrepanz geschaffen zwischen dem Tag der Beendigung des Arbeitsverhältnisses und dem Ausstellungsdatum des Zeugnisses, aus der der neue Arbeitgeber klar erkennen kann, daß es Streitigkeiten über die Beendigung des Arbeitsverhältnisses gab; das Zeugnis darf jedoch keine Hinweise auf solche Streitigkeiten geben (vgl. hierzu im einzelnen Kap. VII. 1); im übrigen würde auch die zwischenzeitliche, tatsächliche Beschäftigung unberücksichtigt bleiben.
- Es ist auch nicht richtig, den Tag der Rechtskraft des Kündigungsschutzprozesses als Beendigungsdatum zu erwähnen. Denn dieser Tag wird nur zufällig auf ein „unverdächtiges" Datum fallen, etwa Quartals- oder Monatsende; jedes andere Datum würde sogar den Verdacht einer fristlosen Kündigung wecken.

Aus diesem Dilemma gelangt man, wenn möglichst „nahe" an der Wahrheit, vom Wohlwollen geleitet, geblieben und demgemäß als Austrittsdatum der zeitlich nächstgelegene, vergangene Kündigungstermin gewählt wird, also z. B.: Rechtskraft am 13. Juli – Vermerk des Austrittsdatums: 30. Juni.

Der *Grund der Beendigung* des Arbeitsverhältnisses ist grundsätzlich nicht zu erwähnen[9]; denn er hat weder mit der Art noch mit der Dauer des Arbeitsverhältnisses etwas zu tun. (Das Zeugnis ist kein Datenträger für die Übermittlung sonstiger Informationen, die über den gesetzlich vorgeschriebenen Inhalt hinausgehen.)

Nicht nur der Beendigungsgrund (warum gekündigt wurde), sondern auch wer wie (ordentlich oder fristlos) gekündigt hat = „Beendigungsmodalität", gehört nicht in das Zeugnis[10]. Bei einer außerordentlichen Kündigung durch den Arbeitgeber wird der meist ungewöhnliche Zeitpunkt der Beendigung zu Fragen nach dem Grund

9 *Landmann/Rohmer (Neumann),* a.a.O., § 113 Am. 8.
10 *LAG Hamm,* 24. 9. 1985, NZA 1986 S. 99 (nur Leitsatz).

Anlaß geben – der Hinweis auf die fristlose arbeitgeberseitige Kündigung ist unzulässig[11].

Wenn nach fristloser Kündigung im Prozeßvergleich die einvernehmliche Auflösung festgelegt wurde, so darf im Zeugnis der Prozeßvergleich nicht erwähnt werden, vielmehr kann der Arbeitnehmer den Hinweis auf „Auflösung im beiderseitigen Einvernehmen" verlangen[12]. Entlassungsgründe und -modalitäten (die in die Beurteilung beim qualifizierten Zeugnis einfließen können) sind jedoch auf *Wunsch* des Arbeitnehmers zu erwähnen, ebenso wohl auch eine betriebsbedingte Kündigung des Arbeitgebers, um im Interesse seiner weiteren Berufschancen nicht den Eindruck entstehen zu lassen, die Beendigung des Arbeitsverhältnisses sei durch Gründe erfolgt, die in der Person oder im Verhalten des Arbeitnehmers liegen.

2. Das qualifizierte Zeugnis

Wie es in den einschlägigen Gesetzestexten heißt, ist das einfache Zeugnis (vgl. die Bemerkungen zu Beginn des Abschnitts 1) auf Verlangen des Berechtigten auf die Leistungen und auf die Führung im Dienst (= im Betrieb) auszudehnen.

Das *Verlangen* muß ausdrücklich sein. Ohne eine eindeutige Willenserklärung des Arbeitnehmers kommt eine Erweiterung des Zeugnisses nicht in Frage; dieser kann ein solches Zeugnis zurückweisen und darauf bestehen, daß ein Zeugnis gefertigt wird, das sich nur auf Art und Dauer des Arbeitsverhältnisses beschränkt. Die Willenserklärung kann vor, während und nach Beendigung des Arbeitsverhältnisses erfolgen. In der *betrieblichen Praxis* laufen solche Vorgänge anders. Die meisten Arbeitnehmer erwarten ein „qualifiziertes" Zeugnis und sind durchweg erstaunt, wenn ihnen ein sog. einfaches, wenn auch ausführliches Zeugnis überreicht wird. Zu diesem Zeitpunkt wird meist das Verlangen nach einem qualifizierten Zeugnis laut. Zur Einsparung zusätzlicher Mehrarbeit neigen viele Personalabteilungen dazu, auch ohne ausdrücklichen Wunsch gleich ein qualifiziertes Zeugnis auszufertigen. Rechtlich wird somit ein entsprechendes Verlangen des Arbeitnehmers manipuliert. Das entspricht zweifellos nicht der exakten Erfüllung des Gesetzes, wenn auch zuzugeben ist, daß das „Verlangen" in seiner rechtlichen Strenge nicht überbewertet werden sollte.

---

11 *LAG Köln,* 8. 11. 1989, BB 1990 S. 856; *LAG Düsseldorf,* 22. 1. 1988, BB 1988 S. 1463. Zweifelnd *Baumbach/Duden/Hopt,* a.a.O. § 73 Anm. 2 B.

12 *LAG Baden-Württemberg,* 9. 5. 1968, BB 1968 S. 872.

a) Einheitlichkeit der Ergänzung

Die gewünschte Ausdehnung des Zeugnisses auf die Leistungen und auf die Führung im Dienst soll eine vollständige Charakteristik des Antragstellers während der Dauer des Arbeitsverhältnisses vermitteln. Ein anderer Arbeitgeber, dem das Zeugnis zu Bewerbungszwecken vorgelegt werden soll, muß sich darauf verlassen können, daß das sog. qualifizierte Zeugnis Auskunft über *beide* Komponenten gibt, die das Gesetz klar umreißt. Die Ergänzung kann sich nicht nur auf einen Teil beschränken, etwa nur auf Leistungen, und den anderen Teil, die Führung im Dienst, ausklammern, d. h. überhaupt nicht erwähnen, zumal ein kaum zu trennender Zusammenhang zwischen Qualifikationsmerkmalen besteht. Die *Wahrheitspflicht* bei der Erstellung von Arbeitszeugnissen, auch von der Rechtsprechung immer wieder als beherrschender Grundsatz im Zeugnisrecht herausgestellt, gebietet, über beide Begriffe Aussagen zu machen, wobei sich der Antragsteller freilich der Gefahr aussetzt, daß ein so komplettiertes Zeugnis negative Aussagen enthält, die für sein weiteres Fortkommen nachteilig sein können[13].

Bei der Vielgestaltigkeit des betrieblichen Lebens erfüllt mancher Betriebsangehörige mehrere Funktionen nebeneinander, die einzeln entweder nicht arbeitsplatzfüllend sind oder aber aus Personalmangel von einer einzigen Arbeitskraft ausgefüllt werden müssen (Sicherheitsbeauftragter zugleich Konstrukteur, Exportsachbearbeiter zugleich Dolmetscher, Klinikleiterin zugleich Arzthelferin). Aber auch in der zeitlichen Folge können verschiedenartige Tätigkeiten ausgeübt worden sein, so Abordnung an eine Beteiligungsgesellschaft oder umgekehrt Übernahme von Außenkräften in die Zentrale, wobei es sich formell um rechtlich selbständige Betriebe handeln kann. Alle derartigen verschiedenartigen Tätigkeiten und Funktionen müssen einheitlich beurteilt werden; es geht nicht an, über jede Tätigkeit getrennte Zeugnisse zu erteilen, die womöglich im Kern voneinander abweichen. Entscheidend ist die Darstellung der Gesamtpersönlichkeit.

Nur wo es sich formell um verschiedene Arbeitgeber handelt, kann eine andere Beurteilung am Platze sein, nicht aber bei voller Identität der Firmenspitze (z. B. bei Betriebskrankenkassen, *Sozialeinrichtungen* oder *Niederlassungen* in Gesellschaftsform). Bei Funktionen in Tochter- oder Beteiligungsgesellschaften wird eine Einheitlichkeit der Tätigkeiten im Rahmen der Zeugnispflicht zu bejahen sein,

13 *BAG*, 8. 2. 1972, BB 1972 S. 618.

sofern die Beteiligung bei Firmen der letzteren Art beherrschend ist. Denn das Zeugnis hat nicht nur den Zweck, dem Arbeitnehmer das Fortkommen zu erleichtern, sondern es soll einen anderen Arbeitgeber über die Person des Bewerbers unterrichten und ihm einen Gesamteindruck vermitteln.

Wird der Arbeitnehmer in unterschiedlicher Art und Weise beschäftigt (z. B. erst Kfz.-Meister und dann Auto-Verkäufer), so ist im Zeugnis auf beide Beschäftigungsarten einzugehen, und zwar auch dann, wenn bereits bei der Übernahme der letzten Tätigkeit ein Zeugnis über die frühere erteilt wurde[14].

Aufgrund der Einheitlichkeit des Zeugnisses und der Wahrheitspflicht hat sich die Beurteilung nicht nur auf sämtliche Tätigkeiten und Funktionen[15], sondern auch auf die gesamte Dauer des Arbeitsverhältnisses zu erstrecken, eine Beschränkung auf einen bestimmten Zeitraum ist nicht zulässig[16].

Bei längerer Betriebszugehörigkeit muß der Antragsteller auf die Personalakten zurückgreifen oder es müssen entsprechende Ermittlungen bei früheren Vorgesetzten angestellt werden. Doch braucht diese Vorsorge nicht strapaziert zu werden, wenn der überschaubare Zeitraum der Betriebszugehörigkeit ein zuverlässiges Bild von der Persönlichkeit des Betroffenen vermitteln kann. Bei langer Betriebszugehörigkeit sollten aber wenigstens die vergangenen vier bis fünf Jahre zur Beurteilung herangezogen werden.

Allerdings können keine Festlegungen darüber erfolgen, welche Dauer der Betriebszugehörigkeit eine Beurteilung zuverlässig ermöglicht. Das hängt sehr davon ab, in welchen Rahmen die neue Kraft gestellt war, wie ihre Tätigkeit wirksam werden konnte, welche besonderen Merkmale für ihre Leistung sichtbar wurden sowie, ob die Einfügung in die Betriebsgemeinschaft einfach oder aber, sofort erkennbar, aus Gründen in der Person oder aufgrund ihres Verhaltens schwierig war. Sicherlich aber ist in solchen Fällen die Bemerkung geboten, daß die Beurteilung mit dem Vorbehalt erbracht wird, in der Kürze der Dauer des Arbeitsverhältnisses könne ein zuverlässiges Urteil nicht abgegeben werden.

---

14 *LAG Baden-Württemberg,* 6. 2. 1968, BB 1968 S. 381.
15 *LAG Frankfurt,* 23. 1. 1968, DB 1969 S. 887.
16 *LAG Frankfurt,* 14. 9. 1984, BB 1985 S. 1397 (nur Leitsatz).

b) Die Leistungen

Zweifellos enthält eine Darstellung der Leistungen des Arbeitnehmers ein *Werturteil*, das nicht immer mit der Überzeugung des Beurteilten übereinstimmt. Selbstverständlich muß sich der Aussteller größtmöglicher Objektivität befleißigen, das heißt, er muß das Leistungspotential des Arbeitnehmers mit dem Maßstab messen, der sich aus der Eingruppierung vergleichbarer Kräfte des gleichen Betriebes ergibt. In den meisten Fällen helfen die Lohn- und Gehaltsgruppenmerkmale der für die betreffenden Arbeitnehmer geltenden Tarifverträge, bei außertariflichen und leitenden Angestellten ähnliche Merkmale wie Vorbildung, Erfahrung, Verantwortung usw. Trotzdem kann sich an einer solchen Beurteilung ein Streit entzünden, wenn diese dem Empfänger abgeschwächt erscheint oder gar Einschränkungen enthält. Ob jemand seine Arbeit ausreichend oder gut oder ausgezeichnet erfüllt, ob er dauernd oder nur zeitweilig Gutes oder Bestes geleistet, ob er sich lediglich bemüht hat, den Anforderungen gerecht zu werden, ist nur sehr schwer objektiv abzugrenzen. Ein Urteil wird immer subjektive Bestandteile aufweisen; das wird sich nie ganz ausschließen lassen. Es ist ohnehin nicht jedermanns Stärke, bei dem Urteil über einen anderen leidenschaftslos und gerecht zu sein. Der Drang zur Objektivität ist wandelbar, je nachdem, ob der Anlaß zur Zeugniserteilung für den Aussteller enttäuschend oder ob er froh ist, einen unliebsamen Mitarbeiter dank dessen eigener Kündigung loszuwerden. Dennoch kann von dem Gebot, ein Höchstmaß an Objektivität zu fordern, nicht abgegangen werden.

Auch ein Werturteil ist dahingehend überpüfbar, ob etwa sachfremde Erwägungen einflossen oder allgemein gültige Bewertungsmaßstäbe außer acht gelassen wurden (z. B. bei überspannten Anforderungen des Arbeitgebers), wenn die Bewertung also den Rahmen des pflichtgemäßen Ermessens überschreitet und etwa von Vorurteil oder Voreingenommenheit gefärbt ist (dies kann der Fall sein, wenn die Kündigung nach Ansicht des Arbeitgebers zur Unzeit erfolgt, etwa mitten in einer Entwicklungsphase, in laufenden Verkaufsverhandlungen). Im Laufe eines Arbeitsverhältnisses werden sicherlich auch verbindliche Äußerungen des Arbeitgebers über das Leistungspotential des Arbeitnehmers vorliegen; dies kann hervorgehen aus früheren Zwischenzeugnissen, aus Beurteilungen bzw. schriftlichen Abmahnungen in den Personalakten (die dem Arbeitnehmer aufgrund von § 83 BetrVG zur Einsichtnahme zur Verfügung stehen) und aus Äußerungen Dritten oder dem Arbeitnehmer gegenüber.

Trotz der vom Wohlwollen getragenen Wahrheitspflicht sind negative Formulierungen dann zulässig, wenn sie für das Gesamtbild charakteristisch und prägend sind. Dies hängt von der Häufigkeit und von der Schwere der Fehlleistungen ab – gravierendes oder wiederholtes Fehlverhalten wird stets seinen Niederschlag in Abmahnungen finden, die (in die Personalakte aufgenommen) dann Grundlage und Rechtfertigung für die Beurteilung darstellen. Hierzu zählen totales Versagen, schwerer Vertrauensbruch oder nachhaltiges Stören des Betriebsfriedens. Finden sich in der Personalakte *keine* Vermerke, so sind mangels entsprechender mündlicher Ermahnungen negative Formulierungen für den Arbeitgeber im Streitfall kaum belegbar.

Die „Leistung“ ist durch folgende Kriterien darstellbar: Leistungsvolumen, Arbeitsgüte, -tempo und -ökonomie, Fachkenntnisse, Arbeitsbereitschaft, Ausdrucksvermögen sowie Verhandlungsgeschick; je nach dem Arbeitsgebiet und der Stellung im Betrieb können einige Kriterien nicht einschlägig sein – allerdings ist bei einigen Merkmalen die Trennung zur „Führung“ unscharf; dies ist letztlich unerheblich, da Aussagen zur Leistung *und* Führung zu machen sind und eine Beschränkung auf eine der beiden Komponenten nicht zulässig ist (vgl. oben bei a).

Das Leistungsvolumen ist am sichersten mit der vollständigen Aufzeichnung der Art des Arbeitsverhältnisses (vgl. Kapitel 1. a) darzustellen; es ist kaum hiervon zu trennen. Es liegt also sehr viel daran, die Bemessungsgrundlage für die Leistungsübersicht erschöpfend zu behandeln. Nicht immer werden Höchstleistungen zu verzeichnen sein. Jeder Mensch unterliegt Schwankungen bei der Intensität seiner Arbeit, die auf mancherlei Einflüssen beruhen. Diese können rein privater Natur sein, wie Sorgen, Krankheit, Klima; aber auch aus der Gemeinschaft des Betriebes können solche Belastungen erwachsen (Vorgesetztenproblem, Mitarbeiter-Querelen, Kontaktarmut, aber auch Schwierigkeiten partei- und gewerkschaftspolitischer Art). Solche Perioden labiler Leistung brauchen nicht das Gesamtbild des Arbeitnehmers zu trüben; eine besondere Erwähnung hat zu unterbleiben.

Liegen nach der Überzeugung des Arbeitgebers *geringere Leistungen* vor, als sie von dem Arbeitnehmer erwartet werden konnten, und ist ein solcher Leistungsabfall nicht nur vorübergehender Art, so soll das Zeugnis „von verständigem Wohlwollen gegenüber dem Arbeitnehmer getragen sein und ihm das weitere Fortkommen nicht ungerechtfertigt erschweren“, wie das *Bundesarbeitsgericht* wiederholt hervorhebt[17]. Doch darf bei allem Wohlwollen nichts *Unwahres* geschrieben werden.

Der *Beurteilungsspielraum* für die Darstellung der Leistungen ist indessen größer als bei der Tätigkeitsbeschreibung. Diese vom *Bundesarbeitsgericht* im Urteil vom 12. 8. 1976[18] bestätigte Freiheit des Arbeitgebers in der Formulierung muß von der Verantwortung getragen sein, dem wahren Leistungsvolumen des Arbeitnehmers gerecht zu werden. Der Verfasser eines Zeugnisses für eine Spezialkraft muß den Beurteilungsspielraum voll ausschöpfen und eine substantielle Begründung für eine transparente Charakteristik des Könnens und des Leistungsumfangs des Zeugnisempfängers für den gesamten Umfang seiner Tätigkeit erbringen.

Falsch wäre es z. B., bei einem mit Forschungs- und Entwicklungsaufgaben betrauten Arbeitnehmer auf die wirtschaftliche Verwertbarkeit der Arbeitsergebnisse maßgeblich abzustellen; oft liegt der besondere Wert derartiger Arbeiten gerade darin, daß sie bestimmte Wege zur Lösung technisch-wissenschaftlicher Probleme als nicht gangbar nachweisen und dadurch Fehlinvestitionen vermeiden[19].

Bei der Beurteilung eines *schwerbehinderten* Arbeitnehmers ist nur eine durch die Behinderung bedingte *quantitative* Minderleistung zu berücksichtigen (und ggfs. anzugeben, daß und in welcher Weise sie berücksichtigt wurde); in qualitativer Hinsicht sind die allgemeinen Maßstäbe anzulegen[20]. Hat die Behinderung dagegen keinen Einfluß auf das Leistungsvermögen, so wird sie im Zeugnis nicht erwähnt.

Waren die erwarteten Leistungen entsprechend der Vorbildung geringer, so dürfen keine Superlative verwendet werden. Hier hilft oft die Darstellung des nachgeordneten Arbeitsplatzes in einer Arbeitsgruppe mit weniger qualifizierten Mitarbeitern, deren Aufgabe in Hilfsdiensten besteht. Diesen Formulierungsschwierigkeiten kann durch vollständige Darstellung der Art des Arbeitsverhältnisses, die also nicht vollständig der Vorbildung des Betroffenen entspricht, begegnet werden.

c) Die Führung im Dienst

Während in den Spezialvorschriften von „Führung" schlechthin die Rede ist (vgl. § 73 HGB, § 113 GewO), heißt es in § 630 BGB

---

17 *BAG,* 12. 8. 1976, BB 1976 S. 1516 (nur Leitsatz).
18 *BAG* – wie Anm. 17.
19 *BAG,* 24. 3. 1977, BB 1977 S. 997.
20 *BVerwG,* 25. 2. 1988, Neue Zeitschrift für Verwaltungsrecht, 1988 S. 734.

„Führung im Dienst“. Es bedarf der Hervorhebung, daß die Beschränkung in § 630 BGB für alle sonstigen Bestimmungen entsprechend gilt.

Indessen ist dieser Regelung eine Bemerkung vorzuschalten. Die Vorschrift, vor über neun Jahrzehnten konzipiert, offenbart das Machtgefüge, das ehedem das Arbeitsverhältnis umspannte. Der Ausgangspunkt ist unangetastete Herrschaft mit dem Recht, alle Untergebenen zu be- und verurteilen. Es bleibt diesen keine Chance, ihrerseits etwaige Führungsmängel der Vorgesetzten im Rahmen der betrieblichen Hierarchie bis hinauf zur Spitze zu beanstanden oder wenigstens zu beurteilen. Der unkontrollierbare Chef ist aber, wie alle ihm unterstellten Menschen im Betrieb, mit vielfältigen menschlichen Schwächen behaftet, die sich dann in der Handhabung des Führungsstils auswirken und so permanent das Verhalten nachgeordneter Kräfte beeinflussen können. Fehler in der Menschenbehandlung sind seit altersher bekannt und haben gerade in den jüngst vergangenen Jahrzehnten zu zahlreichen Veranstaltungen geführt, bei denen die Grundsätze zur Harmonisierung in der betrieblichen Welt behandelt wurden. Dort wurde denen, die sich ernstlich bemühten, das Wesen der Gerechtigkeit, ausgerichtet an den Grundsätzen der Menschenrechte, wie sie das Grundgesetz zur beherrschenden Norm deklariert, erläutert und in vielen Varianten eingeprägt, um danach den Führungsstil auszurichten. Doch haben die Veränderungen im Gefüge der Welt der Wirtschaft nicht durchweg auch die Selbstdisziplin aller Führungskräfte mit Vorgesetztenbefugnissen so gefestigt, daß ein hohes Maß an gerechter Beurteilung der Untergebenen hinsichtlich ihrer Führung erreicht wäre. Auch gibt es keinen Maßstab für ein sicheres Urteil. Die subjektiven Schwächen eines Menschen, gleich in welcher Stufe betrieblicher Hierarchie ihn seine berufliche Qualifikation oder die Sachherrschaft als Kapitalgeber eingefügt hat, werden wie in der Vergangenheit von Einfluß sein.

Es fragt sich, ob diese Vorschrift nicht doch zu sehr antiquiert ist, um weiterhin aufrechterhalten werden zu können. Welche fachlich qualifizierte und nach Persönlichkeitswerten ausgeglichene Führungskraft wird sich von jemandem, der Arbeitgeberfunktionen ausübt, bescheinigen lassen, wie er sich „geführt“ hat? – ein Absurdum in dem inzwischen erreichten Stadium der Verwischung von Rangunterschieden in den oberen Fachbereichen unserer Wirtschaft! Doch für das Gros der Arbeitnehmerschaft muß weiterhin davon ausgegangen werden, daß auch die „Führung im Dienst“ zeugnisfest gemacht werden kann, zumal diese Gesetzesregel noch in Kraft ist und von der Rechtsprechung nach wie vor beachtet wird. De lege ferenda sollte aber dieser Komplex unter Beachtung der grundrechtlichen Norm unantastbarer Menschenwürde überdacht werden.

Der Begriff „Führung im Dienst“ schließt das *Privatleben* der beurteilten Person aus. Das Privatleben des Arbeitnehmers gehört diesem allein, es sei denn, daß sein Verhalten sich dienstlich auswirkte (Drogen- und Trunksucht, unbefugte Benutzung eines Dienstwagens in betrunkenem Zustand zu Privatfahrten[21]). Jedoch sind Bemerkungen wie „X neigt zum Schuldenmachen oder zur Trunksucht“ unzulässig, auch wenn ein solches Verhalten nach der Überzeugung des Arbeitgebers der eigentliche Grund für einen Leistungsabfall oder Ursache von Unpünktlichkeit wäre. Die den Betrieb nicht berührende Einstellung zu weltanschaulichen, partei- und gewerkschaftlichen Fragen, soweit diese nicht agitatorisch getätigt werden und die betriebliche Ordnung stören, können zwar den Menschen als Persönlichkeit charakterisieren, doch gehen den Arbeitgeber die Menschen seines Betriebes nur insoweit etwas an, als sie Glieder der Betriebsgemeinschaft zur Leistung von Arbeit sind. Daher darf der Arbeitgeber einen „Gewerkschaftler“ oder einen „Roten“ nicht schlechter beurteilen, weil ihm dessen politische Einstellung nicht paßt. Von solchen Animositäten, für die sich beliebig andere Beispiele nennen ließen, muß sich der Arbeitgeber freihalten.

„Im Dienst“ beinhaltet den Rahmen der Leistungsgemeinschaft. Es handelt sich dabei um die Fragen, die den betrieblichen Partnern zur gemeinsamen Regelung zugewiesen sind; es sind dies nach § 87 Abs. 1 Ziff. 1 BetrVG Fragen der Ordnung des Betriebes und des Verhaltens der Arbeitnehmer im Betrieb, üblicherweise in einer *Arbeitsordnung* zusammengefaßt. Doch geht es nicht allein um die Beachtung von Betriebsgesetzen und um die willige Ausführung von Arbeitsanordnungen. Die Forderung der Betriebsgemeinschaft auf kameradschaftliches Zusammenwirken gehört ebenso zum Fundament richtiger Verhaltensweise wie Vorschriften aller Art.

Verletzungen der Ordnungsregeln sind je nach dem Grad der *Häufigkeit* und ihrer *Schwere* geeignet, im Beurteilungsrahmen hinsichtlich der Führung im Dienst Beachtung zu finden.

Dies hat besonderes Gewicht bei grobfahrlässiger oder gar vorsätzlicher Verletzung der *Unfallverhütungsvorschriften;* auch Verstöße gegen Sicherheitsge- und -verbote (Behandlung von Explosivstoffen

21 *BAG,* 29. 1. 1986, NZA 1987 S. 384 (nur Leitsatz).

und Giften, Verhalten in Starkstromanlagen u.a.m.) sind besondere Merkmale.

Indessen ist bei der Beurteilung aller Vorkommnisse, die das Urteil über die Führung im Dienst beeinflussen können, davon auszugehen, daß nur solche Tatsachen erwähnenswert sind, die für die *Gesamtbeurteilung* von Bedeutung und für den künftigen Arbeitgeber von Interesse sind. Daher sind einzelne Vorgänge nur dann für die Formulierung im Zeugnis Veranlassung, wenn sie für die Verhaltensweise des Arbeitnehmers charakteristisch sind. Doch hier beginnen die Schwierigkeiten in der Praxis.

Denn was ist bei diesem und jenem beanstandungsfähigen Verhalten *typisch* für das Gesamtbild? Soll jeder Fehlgriff im Benehmen, jede gelegentliche Unpünktlichkeit, jeder Verstoß gegen Ordnungsvorschriften, sofern diese nicht der Unfallverhütung oder dem Gesundheitsschutz dienen, in den Personalakten festgeschrieben werden, um dann im Zeugnis apostrophiert zu werden? Was ist dabei von Gewicht, was von geringerer Bedeutung? Solche Wertungen werden eben unterschiedlich vorgenommen, je nach Grundeinstellung des Vorgesetzten zu diesem und jenem Untergebenen.

Wiederum ist ein fast unlösbares Problem in dem von menschlichen Schwächen so reichen betrieblichen Leben, wo der Kern der Wahrheit liegt, wenn es sich um Entgleisungen gegenüber Vorgesetzten, aber auch gegenüber Arbeitskameraden handelt. Das *Fehlverhalten anderer* – durch den Ton der Anordnungen unzulänglicher Vorgesetzter im Umgang mit Untergebenen oder durch Hänseleien oder gar politische Aversionen und was es an Motiven für Streitgespräche immer geben mag – muß ebenso sorgfältig geprüft werden wie die Reaktion des Betroffenen. Doch ist auch dann nicht garantiert, daß die Wahrheit festgestellt wird. Im Zweifelsfall: nicht erwähnen!

Um Grenzfälle menschlicher Schwächen handelt es sich indessen nicht, wenn eine *Kumulation von Ordnungswidrigkeiten* einwandfrei vorliegt, die das Charakterbild des Betroffenen zu formen geeignet ist. Offensichtlich schlechte Eigenschaften, die zu Störungen im Betrieb geführt haben, müssen, um der Pflicht zur Wahrheit zu genügen, im Zeugnis erwähnt werden. Schwere und Häufigkeit sind aber wesentlich.

Wenn ein so belasteter Arbeitnehmer ein qualifiziertes Zeugnis verlangt, muß er damit rechnen, daß Nachteiliges darin für ihn zum Ausdruck kommt; er trägt somit das *Risiko* selbst für ein „schlechtes“ Zeugnis[22].

---

22 *BAG*, 8. 2. 1972. BB 1972 S. 618.

Straftaten und -verfahren werden für ein Zeugnis nur dann relevant, wenn sie mit dem Arbeitsverhältnis in Verbindung stehen bzw. sich auf die Führung auswirken (z. B. Untreue, Unterschlagung oder Diebstahl zum Nachteil des eigenen Arbeitgebers oder der Kollegen, oder nächtliche Trunkenheitsfahrt mit einem Dienstfahrzeug[23]). Des weiteren muß die Straftat grundsätzlich *nachgewiesen* sein, um im Zeugnis Berücksichtigung zu finden, und zwar entweder durch gerichtliche Entscheidung (die Rechtskraft ist nicht nötig) oder (auch ohne Gerichtsverfahren, weil eine Anzeige unterblieb) durch eindeutige Fakten in Verbindung mit einem Eingeständnis.

Im Zeugnis wird die nachgewiesene Straftat als solche nicht erwähnt, weil dieser Hinweis sonst dem Arbeitnehmer sein Leben lang anhängen würde ohne Rücksicht auf zwischenzeitliche Tilgung im Bundeszentralregister; vielmehr ist bei der Führungsbeurteilung etwa zu vermerken, daß „sein Führungsverhalten Anlaß zu Beanstandungen gab" – dies reicht aus, um andere Arbeitgeber hinreichend zu warnen. Der Arbeitgeber macht sich sogar schadensersatzpflichtig, wenn trotz nachgewiesener Unterschlagungen im Zeugnis hierüber nichts erwähnt, vielmehr sogar vermerkt ist, der Arbeitnehmer habe die Aufgabe „zur Zufriedenheit erledigt" (siehe Kap. X. 2.).

Der bloße *Tatverdacht* reicht nicht aus, um im Zeugnis entsprechende Andeutungen zu machen. Mag auch ein schwerwiegender Verdacht eine Kündigung rechtfertigen, im Zeugnis darf er keine Erwähnung finden. In einem Kündigungsprozeß kann ein Verdacht auf seine Begründetheit hin überprüft werden; das Zeugnis aber enthält Endgültiges, das dem Betroffenen während der ganzen Dauer seines Berufslebens anhaftet und sein Fortkommen entschieden hemmt. Allerdings hat das *BAG* den Tatverdacht im Zeugnis wie folgt berücksichtigt: Das Strafverfahren wegen Betruges zum Nachteil des eigenen Arbeitgebers wurde zwar durch das Gericht eingestellt, aber im Hinblick auf den fortbestehenden Tatverdacht wurden dem Arbeitnehmer die notwendigen Auslagen nicht erstattet – das *BAG*[24] hielt eine Berücksichtigung bei der Führungsbeurteilung für gerechtfertigt, was angesichts des gerichtlich „attestierten" Tatverdachts vertretbar ist. Nicht zu billigen ist jedoch die Meinung des *BAG*[25], wonach das qualifizierte Zeugnis eines Heimerziehers „einen Hinweis darauf (hätte) enthalten müssen, daß gegen den

23 *BAG,* 29. 1. 1986, NZA 1987 S. 384 (nur Leitsatz).
24 Urteil – wie Anm. 23.
25 Urteil vom 5. 8. 1976, BB 1977 S. 297 (Teilabdruck).

Kläger ein Ermittlungsverfahren wegen des Verdachts unsittlicher Handlungen an ihm anvertrauten Heimjungen geführt werde". Wenn auch das sittlich einwandfreie Verhalten eines Heimerziehers von zentraler Bedeutung ist, so darf das (bloße) Ermittlungsverfahren im Zeugnis nicht erwähnt werden – wird der Verdacht später bestätigt, so erfolgt der Widerruf des Zeugnisses (vgl. Kap. VIII. 1).

Die „Führung" läßt sich insgesamt durch *folgende Merkmale* darstellen: Verantwortungsbereitschaft, Sozialverhalten (Verhalten gegenüber Vorgesetzten, Gleichgeordneten und Publikum), Beachtung von Vorschriften und Führungsverhalten (Führen von Mitarbeitern, wirtschaftliches Handeln – vgl. unter h).

Kirchliche Mitarbeiter haben das besondere Leitbild einer christlichen Dienstgemeinschaft zu beachten, ihnen sind besondere Obliegenheiten einer kirchlichen Lebensführung auferlegt (Loyalitätspflichten) – das entsprechende Führungsverhalten kann im Zeugnis vermerkt werden.

Wie schon mehrfach dargelegt, soll ein Zeugnis dem *Fortkommen des Arbeitnehmers* dienen; es sollte daher wohlwollend gefaßt werden. Doch dürfen Wahrheit und Wohlwollen nicht auseinanderklaffen. Wird dem letzteren zu breiter Raum eingeräumt, verliert das Zeugnis jeden dokumentarischen Wert. Die leider viel zu häufig festzustellende *Schönfärberei* von Arbeitszeugnissen führt zur Entwertung des Arbeitszeugnisses als dauerhaftes Dokument für den Berufstätigen und zur Täuschung neuer Arbeitgeber. In Zeiten guter Konjunktur verführen solche Zeugnisse zu störendem Personalwechsel. Bei einer Rezession in der Wirtschaft und dadurch gebotener Verringerung der Belegschaften oder von Teilen davon kann und soll das *Wohlwollen*, aber nicht ungerechtfertigte *Schönfärberei* die Formulierungen beeinflussen, um bei neuem Arbeitskräftebedarf behilflich zu sein.

Zurückhaltende Darstellung in Fragen der Führung im Dienst beim Vorliegen ungünstiger Eigenschaften und Vorkommnisse werden ohnehin von anderen, denen das Zeugnis vorgelegt wird, richtig verstanden und entsprechend gewertet. Nicht schönfärben, sondern weniger mit lobenden Superlativen formulieren! Der *Bundesgerichtshof*[26] hebt mit Nachdruck hervor, daß die Rücksichtnahme auf das weitere Fortkommen des Arbeitnehmers dort ihre Grenze finden muß, wo sich das Interesse des künftigen Arbeitgebers an der Zuverlässigkeit der Grundlagen für die Beurteilung des Arbeit-

26 *BGH,* 22. 9. 1970, BB 1970 S. 1395.

suchenden ohne weiteres aufdrängt und das Verschweigen bestimmter, für die Führung im Dienst bedeutsamer Vorkommnisse die für die Beurteilung des Arbeitnehmers wesentliche Gesamtbewertung in erheblichem Maße als unrichtig erscheinen läßt. In dem zur Entscheidung anstehenden Fall handelt es sich um einen Angestellten, der wegen fortgesetzter Untreue, Urkundenfälschung und Unterschlagung zum Nachteil seines Arbeitgebers bestraft und danach fristlos entlassen wurde; im Zeugnis war diese Tatsache verschwiegen und sein Verhalten im Dienst auch noch beschönigt worden. In solch krassen Fällen bleibt für ein irgendwie geartetes Wohlwollen kein Raum. Im betrieblichen Alltag gibt es nun zahlreiche Grenzfälle unterschiedlicher Schwere, die auch noch, je nach den Führungsmethoden, verschieden bewertet werden. Allgemein gültige Maßstäbe sind auch nicht zu finden.

In weniger erheblichen Fällen, bei denen das zu beanstandende Verhalten des Arbeitnehmers nicht so kraß aus dem Rahmen fällt, sollte der *Amnestiegedanke,* wie er in verschiedenen Gesetzen zum Ausdruck kommt, beachtet werden (vgl. Bundeszentralregistergesetz; §§ 149 ff. GewO betr. Gewerbezentralregister; §§ 13 ff. StVZO betr. Verkehrszentralregister). Das soll soviel bedeuten, daß ältere Vorgänge, bei denen sich der Betroffene nicht sachgerecht verhalten hatte, nicht mehr herangezogen werden dürfen. So wie die Personalakten alle zwei bis drei Jahre „bereinigt“ werden sollten, müßten Vorkommnisse, die länger als zwei bis drei Jahre zurückliegen und sich nicht wiederholt haben, verschwiegen werden. Dem Resozialisierungsprinzip sollte insoweit Rechnung getragen werden, d. h. eine Rückführung in normales Verhalten sollte anerkannt werden.

d) Die Wahrheitspflicht

Die Beurteilung eines anderen Menschen ist selten frei von subjektiven Momenten. Emotionen verwirren das Bild, Vorurteile drängen sich vor, Geringes wird überbewertet, Gutes verkleinert oder einfach vergessen.

Im betrieblichen Alltag ist das nicht anders. Hieraus resultiert die oft ungerechte Wertermittlung – besser Wertminderung – des zu beurteilenden Untergebenen. Damit muß die zur Zeugniserteilung berufene Führungskraft (Arbeitgeber selbst oder sein Personalleiter) rechnen. Je nach Betriebsgröße kann jener nicht selbst ein abgerundetes, wahres Kriterium des zu beurteilenden Menschen konzipieren; er muß andere befragen, also die Vorgesetzten.

Nun werden die Vorgesetzten üblicherweise nach ihren beruflichen Fähigkeiten bestellt. Die Qualifikation gediegener Menschenkenntnis wird nur selten einer Prüfung unterzogen. Eine Schulung auf diesem Gebiet wird nicht einheitlich gehandhabt. Doch ist die Fehleinschätzung der Wichtigkeit dieser Führungsqualifikation nicht auf die Ränge der Meister – auch in Verwaltung und Entwicklung – beschränkt. In den höheren Stufen der betrieblichen Hierarchie kommt es ebenfalls zu oft zu Fehleinschätzungen anderer; die menschliche Beeinflußbarkeit ist dabei vielgestaltig.

Um zur Wahrheit zu gelangen, bieten die Personalakten, sofern sie gut geführt und vollständig sind, ein gutes Hilfsmittel. Sie enthalten, wie es sein sollte, Regelbeurteilungen, die überprüfbar sind. Denn der Arbeitnehmer, auch der leitende Angestellte, hat ein Einsichtsrecht (§ 83 BetrVG enthält einen allgemeinen Rechtssatz, auf den sich auch die Führungskräfte beziehen können), so daß etwaige negative, nach Ansicht des Betroffenen falsche Beurteilungen erörtert, gegebenenfalls berichtigt werden müssen[27]. Diese Unterlagen helfen mit zur Erforschung objektiver Maßstäbe. Hierzu gehört die Eliminierung unsachlicher Gesichtspunkte, wie sie in § 75 BetrVG besonders hervorgehoben werden (Abstammung, Religion, Nationalität, Herkunft, politische oder gewerkschaftliche Betätigung oder Einstellung, Geschlecht).

Die wahrheitsgemäße Wertanalyse kann aber an Tatsachen und Feststellungen nicht vorbeigehen, die das Bild des Betroffenen nachteilig beeinflussen. Das wurde schon in vorhergehenden Texten wiederholt hervorgehoben.

Das Spektrum der Leistungsübersicht wird aber dann nicht unwahr, wenn manche Schwäche, gelegentliches Nachlassen der hochgeforderten Leistung (auch Unpünktlichkeiten) vergessen wird. Denn mancher Einwand wird erst dann vergröbert, wenn er in einem Zeugnis verewigt wird. Im Rahmen der Wahrheitspflicht wird ein Verzicht auf Erwähnung von Schwächepunkten oder -zeiten immer dann vertretbar, wenn die Persönlichkeit des beurteilten Menschen in ihrem Wesensgehalt nicht verändert erscheint.

Andererseits darf ein hohes Leistungsniveau nicht deswegen verkleinert werden, weil die Kündigung zur Unzeit (nach der Ansicht des Arbeitgebers etwa mitten in einer Entwicklungsphase, in Verkaufsverhandlungen und dergleichen kritischen Situationen) erfolgt. Das Urteil über den Kündigenden darf dadurch nicht getrübt werden.

---

27 Vgl. *BAG*, 28. 3. 1979, BB 1979 S. 1401.

Bei Spitzenkräften kostet das mitunter Überwindung. Aber Gerechtigkeit und Fürsorgepflicht erfordern ein gerechtes Urteil.

Sind aber die Schwächepunkte erheblicher Art und hieße ihre Nichtbeachtung, das Charakterbild entscheidend zu verändern, dann enthielte das Dokument Falsches. Hier werden Grenzen sichtbar, die für den ausstellenden Arbeitgeber nachteilige Folgen haben können. Andere Arbeitgeber können, getäuscht durch ein nicht den Tatsachen entsprechendes Zeugnis, geschädigt werden.

Der Erwartungshorizont bezüglich einer Arbeitskraft wird an der Art der Graduierung abzuschätzen sein; ein entsprechendes Leistungsvolumen wird dann als Mindestnorm erwartet werden können. Können diese Voraussetzungen nicht erfüllt werden, so muß diese Minderleistung kenntlich gemacht werden. Anderenfalls werden diejenigen getäuscht, die sich zur Einstellung eines Bewerbers aufgrund des dem Sachverhalt nicht entsprechenden Zeugnisses entschließen.

In gravierenden Fällen, so bei totalem Versagen oder und vor allen Dingen bei schwerem Vertrauensbruch (Unterschlagung, Diebstahl, Verrat von Betriebsgeheimnissen an Wettbewerber), Störung des Betriebsfriedens, Sabotage u.a.m. geht es um ein ernstes Problem für jeden anderen Arbeitgeber, oft auch für dessen Arbeitnehmer. Solche charakterliche Fehlentwicklung darf nicht verschwiegen, das Zeugnis dadurch nicht unwahr werden.

Bei der *Ambivalenz des Zeugnisses* – für den Arbeitnehmer eine Analyse seiner Tätigkeit, für den künftigen Arbeitgeber eine Dokumentation der Wertigkeit des Bewerbers – ist es oft schwierig, zwischen dem Gebot der Wahrheit und dem Wunsch nach Wohlwollen die unterschiedlichen Interessen miteinander in Einklang zu bringen. Eine verantwortungsbewußte Prüfung bei der Abfassung der Formulierungen ist daher für jeden verpflichtend, der Material zum Zeugnisentwurf beisteuert und die endgültige Fassung zu verantworten hat.

Ein gutes Arbeitszeugnis kann für den Arbeitnehmer durchaus ein Instrument sein, für sich auf dem Arbeitsmarkt zu werben; jedoch wäre der Wahrheitspflicht nicht Genüge getan, wenn das Zeugnis ausschließlich als Werbemittel verstanden würde und deshalb negative Bewertungen grundsätzlich zu unterbleiben hätten[28].

---

28 So aber *Hoechst* bei der Buchbesprechung in AuR 1986 S. 152.

e) Insbesondere: Krankheit und Zeugnis

Eine Krankheit darf im Zeugnis grundsätzlich *nicht* vermerkt werden, auch dann nicht, wenn sie den Kündigungsgrund bildet; denn der Kündigungsgrund wird ohnehin nicht angegeben, und eine Krankheit fällt nicht unter das Begriffspaar „Leistung und Führung". Hinweise auf eine Krankheit würden auch „verewigen" und dem Arbeitnehmer sein ganzes Berufsleben anhängen ohne Rücksicht auf mögliche Heilerfolge. Im übrigen bieten das Bundesseuchengesetz und das Arbeitsschutzrecht (z. B. Arbeitsstättenverordnung) in Verbindung mit Offenbahrungspflichten bzw. ärztlicher Untersuchung bei der Einstellung die Möglichkeit, daß etwa Krankheiten mit *Ansteckungsgefahr* festgestellt werden bzw. Vorsorge getroffen werden kann.

Krankheitsbedingte Fehlzeiten werden nur dann unter „Dauer des Arbeitsverhältnisses" (ohne Hinweis auf die Krankheit) erwähnt, wenn sie nicht im Verhältnis zur tatsächlichen Arbeitsleistung stehen (vgl. oben Kap. VI. 1. b).

Führt eine Krankheit zu Minderleistungen oder Beanstandungen im Führungsverhalten (z. B. evtl. bei Drogen- oder Trunksucht), so wird – ohne Hinweis auf die Krankheit – die entsprechende Beurteilung abgegeben. Wer etwa wegen Trunksucht sehr häufig unentschuldigt der Arbeit fernbleibt, erhält im Zeugnis vermerkt, daß es öfters Anlaß zu Beanstandungen gab, evtl. begründet mit dem Hinweis auf unentschuldigtes Fehlen (s. das Zeugnismuster im Anhang VII. 3).

Jedoch kann es Ausnahmesituationen geben. Zwar ist das Zeugnis – worauf nicht oft genug hingewiesen werden kann – kein Datenträger zur Übermittlung von sonstigen Informationen, die über den gesetzlich vorgeschriebenen Inhalt hinausgehen, aber im Anhalt an den Grundgedanken des übergesetzlichen Notstandes (§ 34 StGB) sind Krankheiten dann zu erwähnen, wenn eine akute Gefährdung Dritter ernsthaft zu befürchten ist. Dies ist bei der *Epilepsie* möglich, die besonders im technischen Bereich wegen der Unfallgefahr sehr belastend ist und zu empfindlichen Störungen im Betriebsablauf führen kann. Nicht zu übersehen ist, daß eine Erwähnung dieser Krankheit im Zeugnis ein weiteres Fortkommen außerordentlich erschwert. In diesem Dilemma geht es, so hart es auch klingen mag, doch mehr um die Belange anderer Arbeitgeber und ihrer Belegschaften als um den Betroffenen in seinem schicksalhaften Zustand. Es läßt sich daher rechtfertigen, in einem qualifizierten Zeugnis eine solche Krankheit zu erwähnen[29], wenngleich es eine Formulierungsfrage ist, wie ein solcher Hinweis so schonend wie nur möglich ausgedrückt wird (vgl. Zeugnismuster im Anhang VII. 3).

Bei der Immunschwächekrankheit *AIDS* handelt es sich zwar um eine bisher unheilbare, bei Ausbruch regelmäßig tödlich verlaufende Krankheit; aber die Gefahr der Infizierung von Betriebsangehörigen selbst bei Arbeitsunfällen ist unter Beachtung der erforderlichen Arbeitsschutzvorschriften wohl so gering[30], daß AIDS im qualifizierten Zeugnis *nicht* zu vermerken ist[31].

f) Wahrheit und Wohlwollen

Das Zeugnis soll von verständigem Wohlwollen gegenüber dem ausscheidenden Arbeitnehmer getragen sein, um ihm das weitere Fortkommen nicht ungerechtfertigt zu erschweren, so das *BAG* im Urteil vom 8. 2. 1972[32]. Wenn bei dieser gewiß einschränkenden Interpretation beachtet wird, daß der Schwerpunkt darin erkannt wird, daß dem Arbeitnehmer das Fortkommen nicht *ungerechtfertigt* erschwert wird, muß deutlich werden, daß die Wahrheit oberstes Gebot ist.

Immerhin hat die mehr zum Wohlwollen als zur ehrlichen Dokumentation neigende Praxis mehr *Gefälligkeitszeugnissen* den Vorzug gegeben, um unliebsamen Auseinandersetzungen mit den Betroffenen und wohl auch Arbeitsgerichtsprozessen aus dem Wege zu gehen.

Wahrheit und Wohlwollen brauchen sich nicht auszuschließen. Es soll aber nicht beschönigt werden, was der Wahrheit entspricht. Doch sollen gewisse, an sich berechtigte *Vorbehalte* hinsichtlich der eigentlich zu fordernden hohen Qualität der Leistung entsprechend den Eingruppierungsmerkmalen bzw. bei außertariflichen Angestellten entsprechend der Entgeltregelung nicht überbetont werden.

Empfehlungen in einem Zeugnis können durchaus angebracht sein, besonders bei Entlassungen wegen Betriebsaufgabe oder -einschränkung, bei Kündigung aus dringenden betrieblichen Erfordernissen. Hier müßte gar eine nachwirkende Fürsorgepflicht des Arbeitgebers sichtbar werden, um dem Betroffenen das Fortkommen zu erleichtern; ein solcher Akt des Wohlwollens stellt zugleich ein günstiges Urteil über das Leistungsvermögen des Arbeitnehmers dar.

---

29 *ArbG Hagen,* 17. 4. 1969, BB 1969 S. 676 mit krit. Anm. v. *Wolff.*
30 Vgl. *Heilmann,* BB 1989 S. 1413.
31 So auch *Wollenschläger/Kreßel,* AuR 1988 S. 198 (201).
32 BB 1972 S. 618.

Wohlwollen schließt die Wahrheit nicht aus; denn diese allein bestimmt den Inhalt eines Arbeitszeugnisses. Dies sollte bei weiterer Rechtsprechung stärker beachtet und herausgestellt werden, wie dies in dem Urteil des *BAG* vom 5. 8. 1976[33] zum Ausdruck kommt. Es heißt dort in den (nicht veröffentlichten) Gründen: Das Zeugnis stellt auf der einen Seite für den Arbeitnehmer eine wichtige Unterlage für eine neue Bewerbung dar, auf der anderen Seite soll es zur Unterrichtung des an einer Einstellung des Bewerbers interessierten Dritten dienen. *Es muß daher wahr sein und alle wesentlichen Tatsachen und Bewertungen enthalten, die für die Gesamtbeurteilung des Arbeitnehmers von Bedeutung sind und an denen ein künftiger Arbeitgeber ein berechtigtes und verständiges Interesse haben kann.* (Hervorhebung durch den Verf.)

Dem Gebot der Wahrheit ist damit *Priorität* eingeräumt.

g) Zeugnis bei der Berufsausbildung

Die Verpflichtung zur Ausstellung eines Zeugnisses besteht bei Beendigung des Berufsausbildungsverhältnisses (vgl. § 8 BBiG).

Es ist auch ohne Verlangen zu erstellen. Wenn der Ausbildende (Lehrherr) die Ausbildung nicht selbst durchgeführt hat, soll auch der Ausbilder das Zeugnis unterschreiben. Auf diese Regelung wird ausdrücklich aufmerksam gemacht.

Das Zeugnis muß Angaben enthalten über Art, Dauer und Ziel der Berufsausbildung sowie über die erworbenen Fertigkeiten und Kenntnisse des Auszubildenden (auch Umschüler und solche, die eine berufliche Fortbildung betreiben).

Auf Verlangen des Auszubildenden – und nicht automatisch – sind auch Angaben über Führung, Leistung und, was hervorzuheben ist, besondere fachliche Fähigkeiten aufzunehmen (diese drei Begriffe bilden allerdings eine untrennbare Einheit).

Die Einheitlichkeit der Regelung in § 8 BBiG gilt also nicht nur für Auszubildende, sondern für alle, die sich in ihrem Beruf fortbilden oder sich für einen anderen Beruf umschulen lassen wollen. Für diese älteren Auszubildenden, wie die wenig geglückte Bezeichnung nun mal lautet, gelten die allgemeinen Grundsätze für die Zeugniserteilung entsprechend, soweit sich nicht aus § 8 BBiG etwas anderes ergibt. Insbesondere ist auf Verlangen nicht nur über Führung und Leistung, sondern auch über „besondere fachliche Fähigkeiten“ zu berichten, was gerade bei denen wesentlich ist, die sich einer

---

33 BB 1977 S. 297 (Teilabdruck).

beruflichen Fortbildungsmaßnahme oder gar einer beruflichen Umschulung unterworfen haben. Bei diesen jungen Menschen ist eine gewisse *Großzügigkeit* bei der Bewertung am Platze. Eine besondere Strenge ist nicht gefordert. Doch sollte zum Ausdruck kommen, wie sich der junge Mensch fachlich entwickelt hat, zumal gegen Ende der Lehrzeit, wo ihm schon echte Arbeitsaufträge erteilt wurden, um den Grad seiner Leistungsfähigkeit zu erproben. Über Führung und Leistung ist nicht mehr wie früher automatisch Bericht im Zeugnis zu erstatten. Nur wenn es der Auszubildende verlangt, sind solche Angaben im Zeugnis aufzunehmen.

Gelegentlich macht wohl die Darstellung des *Betragens* etwas Kopfzerbrechen, zumal es bei der Jugend mehr „stürmt und drängt“ als bei Erwachsenen. Mancher neigt zur strengen Beurteilung bei der Bewertung von jugendlichem Übermut. Davon sollte man sich jedoch bei der recht schnellen Entwicklung des jungen Menschen von einer Stufe zur anderen bis zur Reife freimachen. Die Erwähnung von Verstößen gegen die Gesetze des Wohlverhaltens, die den Zeugnisempfänger unreif erscheinen lassen, bleibt im Zeugnis haften und wirft bei späteren Bewerbungen stets ein falsches Licht auf den so gekennzeichneten Menschen. Bei solchen, die nicht mehr zu den Jugendlichen zählen, sollte man die Betragensnote auch in der Formulierung moderner gestalten.

h) Zeugnis für leitende Angestellte und Organmitglieder

Wie in Kapitel II. 6 dargelegt, haben auch leitende Angestellte wie Arbeitnehmer Anspruch auf ein Zeugnis. Die vorhergehenden Ausführungen gelten daher auch für solche Betriebsangehörige, die nach der Terminologie in den einschlägigen Gesetzen (BetrVG, KSchG, AktG, AZO) nicht zu der Kategorie der Arbeitnehmer (im engeren) Sinne gehören. Sicherlich aber wird ein Zeugnis für eine Führungskraft der Wirtschaft andere Schwerpunkte betonen, als dies bei Arbeitnehmern, die zur Gruppe der Arbeiter oder der Tarifangestellten gehören, der Fall ist. Dies ergibt sich aus der Stellung im Betrieb oder im Rahmen des Unternehmens aus dem Aufgabenbereich in Stabs- oder in Linienfunktionen sowie aus den erteilten Vollmachten (Handlungsvollmacht, Prokura, Generalvollmacht).

Der Beurteilungsrahmen wird sich besonders auf die eingehende Darstellung der „Art des Arbeitsverhältnisses“ (Kapitel VII. 1. a) erstrecken, hier also besonders anschaulich sein. Bei einer Ausdehnung des Zeugnisses entsprechend den Regeln über ein qualifiziertes Zeugnis (Kapitel VII. 2) wird eine prägnante Charakteristik der

Leistungen erwartet. Doch wird die „Führung im Dienst“ erhebliches Kopfzerbrechen verursachen. Was in dem angezogenen Kapitel für das Gros der Arbeitnehmerschaft an Kriterien hervorgehoben ist, paßt für die kleine Zahl der leitenden Angestellten nicht unmittelbar. Hier erfolgt eine entschiedene Akzentverschiebung, die für das Verhalten dieser Mitarbeiter-Kategorie von Bedeutung ist; es geht um die *Führungsqualitäten.* Man sollte den Gesetzesauftrag besonders darin sehen, die Fähigkeit zur richtigen Menschenbehandlung der unterstellten Mitarbeiterschaft zu charakterisieren. Bekanntlich ist dies ein entscheidender Faktor für den Erfolg der gestellten Aufgabe des Betriebes und des Unternehmens. Das fachliche Können sichert nicht allein das Erfüllen des Arbeitsauftrags; es muß die Fähigkeit hinzukommen, das Arbeitsklima positiv zu gestalten und die Menschen, die mithelfen sollen, in ihrer Leistungsbereitschaft zu stärken. Die hohe Kunst, *Mitarbeiter richtig zu führen,* ist für jeden neuen Arbeitgeber ebenso wichtig wie Sachkunde und Leistungspotential. Das *Sozialverhalten* ist ein wesentliches Kriterium bei Führungskräften aller Kategorien. In reinen Stabsstellungen wird dieses weniger zur Geltung kommen können; hier wird es immer schwieriger sein, Merkmale für Führungskunst zu finden und zu erläutern. Hier ergibt sich nur die eine Chance, die Art der Zusammenarbeit mit korrespondierenden Stabsabteilungen und den Kontakt zu den Linienfunktionen, vor allem natürlich zur hierarchischen Spitze, zu charakterisieren.

Bei Führungskräften muß also die Beurteilung darüber Auskunft geben können, ob das Leistungspotential von der Fähigkeit und dem Willen getragen war, unterstellte Arbeitnehmer durch die richtige Form der Menschenbehandlung zu gemeinsamen Erfolgen anzuregen; die Kontaktbereitschaft innerhalb der Betriebsgemeinschaft ist ein wesentliches Element für die Sicherung guter Leistung und zugleich für die Führungsqualität.

Man kann aber den Schwierigkeiten, ein sogenanntes qualifiziertes Zeugnis für Führungskräfte zu erstellen, dadurch begegnen, daß besonderer Wert auf ausführliche Darstellung der „Art des Arbeitsverhältnisses“ gelegt wird, sofern nicht ausdrücklich das Verlangen nach einem qualifizierten Zeugnis gestellt wird. Gerade eine umfassende Schau der übertragenen Verantwortung offenbart zur Genüge die Qualifikation des Beurteilten, so daß eine besondere Leistungs- und Führungsschau entfallen kann; denn in der Darstellung der ausgefüllten Funktionen liegen erheblich mehr Bewertungsgrade als in wortreichen allgemeinen Ausführungen, hinter denen sich oft genug Verlegenheiten verbergen, die bei Bewerbungen mehr Zweifel erregen als Überzeugungen begründen.

Die vorstehenden Gedankengänge sollten auch bei Organmitgliedern beachtet werden. Das *Kammergericht*[34] hat einem Geschäftsführer einer GmbH den „Anspruch auf ein von verständigem Wohlwollen für ihn getragenes Zeugnis" zuerkannt, „das ihm sein weiteres Fortkommen nicht erschwert". Die im Arbeitsrecht für Arbeitnehmer geltenden Grundsätze gelten mit der „Einschränkung, die sich aus der herausgehobenen Stellung eines Geschäftsführers einer leistungsfähigen GmbH mit umfangreicher Geschäftstätigkeit ergeben". Einzelfälle sollten nur dann Erwähnung finden dürfen, wenn sie eine erfolgreiche Tätigkeit nachweisen. Das Gericht bestätigt die obigen Ausführungen, daß bei leitenden Angestellten, analog für Organmitglieder, eine umfassende Darstellung der übertragenen Verantwortung über die Qualifikation des Beurteilten mehr offenbart als wortreiche allgemeine Ausführungen, also über Leistung und Führung. Doch ist bei einem qualifizierten Zeugnis u. a. von erheblicher Bedeutung, welches Vertrauen einem führenden Mitarbeiter entgegengebracht wurde. Auch das Ausmaß der Entscheidungsfreiheit sollte gewürdigt werden, um einem neuen Arbeitgeber – insoweit dem Aufsichtsrat der Gesellschaft – die Einsicht zu vermitteln, wie jener für seine neue Aufgabe richtig eingesetzt werden kann.

Bei Spitzenkräften vollzieht sich die Trennung außerhalb der Regelungen des BGB; Zeugnisse werden dabei kaum verlangt.

i) Dienstliche Beurteilung im Beamtenrecht

Während des Bestehens des Beamtenverhältnisses gibt es eine besondere Art eines Zeugnisses, das kein Dienstzeugnis im eigentlichen Sinne, vielmehr eine Art verwaltungsinternes Zwischenzeugnis darstellt und das im Bundes- und Landesrecht einheitlich als *„Dienstliche Beurteilung"* bezeichnet wird. Die Vorschriften hierüber finden sich in den Landesbeamtengesetzen bzw. Laufbahnverordnungen. Es wird zwischen *regelmäßiger* Beurteilung (z. B. für Landesbeamte in Baden-Württemberg: alle 3 Jahre) und *nicht regelmäßiger* Beurteilung unterschieden (bei bestimmten Personalmaßnahmen wie Bewerbung um eine Stelle im Bereich desselben Dienstherrn, bei Versetzungen und Beförderungen bzw. dann, wenn dienstliche oder persönliche Verhältnisse es erfordern). In der Regel bestehen Ausnahmen von der regelmäßigen Beurteilung bei solchen Beamten, die das 55. Lebensjahr vollendet haben.

34 Urteil vom 6. 11. 1978, BB 1979 S. 988.

Die Beurteilung erstreckt sich auf *Eignung, Befähigung* und *fachliche Leistung,* ist in den meisten Fällen mit einem Gesamturteil abzuschließen und mit einem Vorschlag für die weitere dienstliche Verwendung zu versehen. Die Beurteilung wird dem Beamten zur Kenntnis gebracht, in der Regel mit ihm durchgesprochen und stets zu den Personalakten genommen.

VII. Form des Zeugnisses

1. Äußere Form

Das Zeugnis muß *schriftlich* erteilt werden. Die äußere Aufmachung darf nicht negativ von dem sonstigen Stil des Arbeitgebers bei Willensäußerungen abweichen. Es braucht zwar kein pergamentartiges Papier verwendet zu werden; wohl aber ist eine haltbare Papierart von guter Qualität geboten. Es wird die Blattgröße DIN A 4, mindestens aber DIN A 5 empfohlen. *Maschinenschrift* ist wohl gebräuchlicher als Handschrift. Im letzteren Falle muß mit Tinte (auch Kugelschreiber) geschrieben werden. Es ist nicht zulässig, einen Bleistift zu verwenden, da Änderungen durch Radieren möglich sind. Das Zeugnis darf *keine Radierung* oder eine sonstige Änderung enthalten. Enthält das Zeugnis *Schreibfehler,* so hat der Arbeitnehmer Anspruch auf Ausstellung eines neuen, fehlerlosen Zeugnisses; der Anspruch entfällt, wenn der Schreibfehler ohne Bedeutung ist (statt „integeren" = „integren"[1]).

Die *Person* des Arbeitnehmers ist genau zu bezeichnen. Hierzu gehört neben Familien- und Vorname (bei Frauen auch der Mädchenname) Geburtsdatum und Geburtsort, um Verwechslungen mit Gleichnamigen auszuschalten. Akademische Dienstgrade und öffentlich-rechtliche Titel sind anzuführen. Dagegen ist nicht notwendig, betriebliche Titel (Oberingenieur, Direktor usw.) zu verwenden, wenn es sich um endgültige Zeugnisse handelt, da solche Hervorhebungen oder Auszeichnungen mit dem Ausscheiden ihre Berechtigung verlieren. Doch bestehen gegen die Bezeichnung mit Betriebstiteln keine Bedenken.

Die Bezeichnung mit „Herr" ist zu fordern. Unverheiratete Arbeitnehmerinnen können fordern, daß sie mit „Frau" tituliert werden; im übrigen sollte das „Fräulein" nicht abgekürzt werden („Frl."), was als unhöflich empfunden werden kann[2].

---

1 *ArbG Düsseldorf*, 19. 12. 1984, NJW 1986 S. 1281.
2 *ArbG Frankfurt*, 22. 12. 1982 – 6 Ca 365/82.

Das Zeugnis muß des weiteren die volle *Anschrift* des Arbeitgebers und den Ausstellungsort enthalten.

Zu den ungeschriebenen Essentialien eines Zeugnisses (wie bei jeder Urkunde vergleichbarer Bedeutung) gehört das *Datum der Ausstellung*[3]. Da das Zeugnis hinsichtlich der Wahrheitspflicht nicht in verschiedene Teile aufgespalten werden kann, unterliegt auch das Ausstellungsdatum grundsätzlich der Wahrheitspflicht und ist keiner Vereinbarung zwischen Arbeitgeber und Arbeitnehmer zugänglich – der Arbeitnehmer kann z. B. keine Rückdatierung verlangen[4]. Beantragt also der Arbeitnehmer erst einige Zeit nach seinem Ausscheiden ein Zeugnis oder wechselt er die Zeugnisart (vgl. Kap. V. 1), so hat das Zeugnis das jetzige Ausstellungsdatum zu tragen.

Wird aber das bereits erteilte Zeugnis vom Arbeitgeber inhaltlich geändert (berichtigt), so trägt das berichtigte Zeugnis das Datum des ursprünglich und erstmals erteilten Zeugnisses[5], und zwar unabhängig davon, ob der Arbeitgeber die Berichtigung von sich aus vornimmt oder ob er hierzu gerichtlich verurteilt oder durch Prozeßvergleich angehalten wurde – denn auch bei inhaltlichen Berichtigungen handelt es sich immer noch um das „alte“ Zeugnis. Es ist also nicht zulässig, daß ein berichtigtes Zeugnis z. B. das Datum des gerichtlichen Urteils trägt, durch welches der Arbeitgeber zur Berichtigung verurteilt worden ist[6].

Zu berücksichtigen ist auch: fallen das Ausstellungsdatum und der Tag der Beendigung des Beschäftigungsverhältnisses etwa um Monate auseinander, so liegt die Vermutung nahe, daß Streitigkeiten mit dem früheren Arbeitgeber vorlagen, was für den Arbeitnehmer bei seiner Bewerbung nachteilig sein könnte (das Zeugnis darf keinen Anlaß zu solchen Vermutungen geben[7]). Solche möglichen Nachteile, die der frühere Arbeitgeber zu vertreten hat, weil er das Zeugnis berichtigte bzw. berichtigen mußte, sind zu vermeiden. Dasselbe gilt, falls der Arbeitgeber die Zeugniserteilung ungerechtfertigt über Monate verzögert und damit eine Datendiskrepanz zwischen Ausscheidungsdatum und Ausstellungsdatum schafft; in diesem Falle erhält das Zeugnis das Datum, das innerhalb angemessener Frist (ca. 2–3 Wochen) nach Beendigung des Arbeitsverhältnisses liegt[8].

---

3 *LAG Bremen*, 23. 6. 1989, BB 1989 S. 1825; *Palandt (Putzo)*, a.a.O., § 630 Anm. 2.
4 *LAG Hamm*, 21. 3. 1969, BB 1969 S. 581.
5 So auch *Palandt (Putzo)*, a.a.O., § 630 Anm. 2; *LAG Bremen*, wie Anm. 3.
6 *ArbG Karlsruhe*, 19. 9. 1985, BB 1986 S. 461.
7 Ähnlich *LAG Baden-Württemberg*, 9. 5. 1968, BB 1968 S. 872.
8 *LAG Frankfurt*, 12. 3. 1982 – 6 Sa 1130/81.

Die Datenwahrheit wird also durch das Wohlwollen modifiziert, wenn eine Datendiskrepanz geschaffen wurde, die ausschließlich der Arbeitgeber zu vertreten hatte.

Es ist auch nicht zulässig, auf einem zunächst undatierten Zeugnis nachträglich das Datum zu setzen, wenn es ohne weiteres erkennbar ist; denn für den Außenstehenden würde es Rückschlüsse auf einen Rechtsstreit o. ä. zulassen[9].

Bei einer Ersatzausstellung (vgl. Kap. III. 6) wird selbstverständlich das frühere Datum wiederholt.

Die *Formulierungen* müssen klar und verständlich sein. *Geheimzeichen* und *Merkmale*, die den Zeugnisempfänger anders als im Text kennzeichnen, sind bei gewerblichen Arbeitern ausdrücklich durch § 113 Abs. 3 GewO verboten, bei allen übrigen wegen Verletzung der Fürsorgepflicht unzulässig. Es sind auch Unterstreichungen einzelner Worte, der Gebrauch von Anführungs- oder Ausrufungszeichen[10] für negative Kennzeichnungen des Arbeitnehmers nicht zulässig. Bei Verstößen hiergegen macht sich der Arbeitgeber schadensersatzpflichtig.

Eine *Beglaubigungsform* ist nicht vorgeschrieben und auch nicht üblich. Etwaiges Verlangen des Empfängers hätte keine Rechtsgrundlage.

Die *Textsprache* ist *Deutsch,* auch bei Ausländern. Das gilt auch dann, wenn im Zuge der Vervollkommnung des Europäischen Binnenmarktes ein intensiverer Auslandskontakt stattfindet, sofern bundesdeutsches Recht zugrunde zu legen ist; ausnahmsweise ließe sich aus der Fürsorgepflicht der Anspruch auf die fremdsprachige Zeugnisausfertigung ableiten, wenn der Arbeitnehmer hierauf dringend angewiesen ist, das Unternehmen eine Fremdsprachenabteilung hat und die Ausfertigung dem Arbeitgeber keine zusätzlichen Kosten und Mühen bereitet. Kommt ausländisches Recht zur Anwendung und enthält es Zeugnisvorschriften, so ist das Zeugnis in der jeweiligen Landessprache abzufassen.

Zur sog. Schlußformel siehe unten Ziffer 4 b.

---

9 *LAG Bremen*, wie Anm. 3.
10 *ArbG Bochum*, 21. 8. 1969, DB 1970 S. 1085.

2. Über- und Unterschrift

Es ist selbstverständlich, daß das Zeugnis die Überschrift „Zeugnis" tragen muß. Doch wäre nichts dagegen einzuwenden, wenn das Zeugnis in die persönliche Note eines Briefes mit Höflichkeitsanrede gekleidet wird. Diese Form ist bei leitenden Persönlichkeiten üblich, um damit ein Herausragen aus dem Schematismus verwaltungsmäßiger Tätigkeit zu dokumentieren. Aber diese Frage gehört nicht in den Rahmen rechtlicher Betrachtungen.

Wie schon unter Abschnitt IV. 1 und 4 dargelegt, bestehen keine Bedenken, ein *vorläufiges* oder ein *Zwischenzeugnis* in der Überschrift als solches zu bezeichnen. Ebensowenig wäre zu beanstanden, wenn im Text der *Zweck für die Erteilung* eines vorläufigen oder Zwischenzeugnisses genannt würde, wozu bei Angestellten im öffentlichen Dienst die Angabe der triftigen Gründe (vgl. § 61 Abs. 2 BAT) käme. Es ist kein Grund ersichtlich, weshalb eine solche Erwähnung schädlich sein sollte. Nicht nur der Inhalt muß wahr sein; auch der Anlaß für eine Zeugniserteilung muß im Interesse allseitiger Wahrheit und Klarheit sichtbar gemacht werden.

Jedes Zeugnis bedarf der *Unterschrift* der für verbindliche Erklärungen des Arbeitgebers zuständigen Person. Dies ist je nach der Stellung des betreffenden Arbeitnehmers in der betrieblichen Hierarchie und je nach den Vollmachten des Unterzeichners entweder ein Organmitglied oder ein Personalleiter mit Prokura oder Handlungsvollmacht oder ein Personalabteilungsleiter (für Angestellte oder für Arbeiter), ein Betriebsleiter oder ein Meister. Es ist dabei nicht zu fordern, daß die zur Vertretung einer Firma (allein) berechtigten Personen unterzeichnen. Entsprechend der Verkehrssitte kann der Arbeitgeber eine sonst nicht vertretungsberechtigte Person ausdrücklich oder stillschweigend beauftragen, in seinem Namen zu handeln, was bei solchen Mitarbeitern, die zur selbständigen Einstellung und Entlassung von Arbeitnehmern bevollmächtigt sind, nicht zweifelhaft ist. Die Ausstellung des Zeugnisses durch einen freiberuflichen Rechtsanwalt ist dagegen unzulässig[11].

Das Zeugnis sollte übrigens von der Personalabteilung, nicht von der Fachabteilung formuliert und ausgefertigt werden. Die Fachabteilung liefert die Grundlagen, insbesondere den Beurteilungsentwurf. Die Personalabteilung sollte dies aber nicht kritiklos übernehmen. Denn je nachdem, ob der Fachvorgesetzte sehr hohe oder lasche Anforderungen stellt, muß dies im Interesse gleichmäßiger Abfassung „ausgeglichen" werden. Die zentrale Ausstellung des Zeugnis-

11 *LAG Hamm,* 2. 11. 1966, DB 1966 S. 1815.

ses durch die Personalabteilung, zu deren Aufgaben es gehört, sich mit dem Zeugnisrecht und der Formulierungspraxis vertraut zu machen, gewährleistet am ehesten, daß das Zeugnis gerecht und nach objektiven Grundsätzen abgefaßt, in Form und Formulierung in vergleichbaren Fällen einheitlich gestaltet und damit auch zu einer Visitenkarte des Unternehmens wird.

Es ist auch stets empfehlenswert, die Abfassung des Zeugnisses mit dem Betroffenen vorher zu besprechen (obgleich die Formulierung im einzelnen alleinige Sache des Arbeitgebers ist). Denn es können berechtigte Wünsche berücksichtigt werden, und das Gespräch kann hilfreich sein bei noch nicht festgelegter Detailbeurteilung.

Bei einem *leitenden Angestellten,* der dem Vorstand unmittelbar unterstellt war, muß das Zeugnis vom Vorstandsvorsitzenden, überdies auf einem Briefbogen, der üblicherweise für wichtige Urkunden Verwendung findet, persönlich unterzeichnet sein. Bei Organmitgliedern ist derjenige zur Unterschrift verpflichtet, der den Anstellungsvertrag unterschrieben hatte bzw. im Laufe des Dienstverhältnisses an dessen Stelle getreten ist, durchweg also der Vorsitzende des Aufsichtsrats oder sein Stellvertreter.

In jedem Falle muß der Unterzeichner im Range höher stehen als der Empfänger eines Zeugnisses[12]; das gilt auch für die Ausstellung eines einfachen Zeugnisses, um den Anschein eines Gefälligkeitszeugnisses zu vermeiden. Erhebt der Arbeitnehmer gegen den Unterzeichner zu Recht Vorwürfe und ist es für ihn unzumutbar, sich in Zukunft stets gestützt auf den Namen dieser Person bewerben zu müssen, so kann er gemäß § 242 BGB verlangen, daß ein anderer (sofern vorhanden) das Zeugnis unterschreibt.

Die Unterschrift muß aber tatsächlich geleistet werden. Ein *Faksimile* oder eine kopierte Unterschrift genügen nicht. Da heute in allen Bereichen des Geschäftslebens Schreibautomaten und Kopierer verwendet werden, ist es zulässig, eine *Kopie* als Original zu benutzen, allerdings mit der Original-Unterschrift[13].

Der Name muß voll und mit Tinte oder Kopierstift (nicht mit Bleistift!) ausgeschrieben sein. Zur Einhaltung von anderen Formvorschriften – etwa nach dem Wunsch des Berechtigten – ist aber der Arbeitgeber nicht verpflichtet. Im öffentlichen Dienst wird das Zeugnis üblicherweise noch mit dem Dienstsiegel versehen.

---

12 Vgl. *Hueck/Nipperdey,* a.a.O., S. 461.
13 *LAG Bremen,* 23. 6. 1989, BB 1989 S. 1825.

Wenn auch die Formulierung im Zeugnis, wie schon öfters betont wurde, alleinige Sache des Arbeitgeber ist, so wird die *Selbstausstellung* (auch Firmenbogen) nicht ausgeschlossen; die Anerkennung des Textes erfolgt durch die Unterzeichnung des hierfür Beauftragten.

3. Gliederung des Zeugnisses

Die Zeugnisvorschriften stimmen inhaltlich überein; stets sind Art und Dauer der Beschäftigung sowie auf Verlangen zusätzlich Leistung und Führung zu bescheinigen. Diese wiederkehrenden Elemente ermöglichen eine Art Baukastensystem, nach dem die Zeugnisse formal aufgebaut werden können.

Ein *klares Gliederungsschema* zwingt den Aussteller nicht nur zur gedanklichen Gliederung, sondern hilft dem, der ohnehin oft Schwierigkeiten mit der Formulierung hat, nichts zu übersehen. Schließlich kann ein gut gegliedertes Zeugnis, zusammen mit sprachlich aussagekräftiger Formulierung, eine Visitenkarte der Firma darstellen. Das formal vereinheitlichte Zeugnisbild nimmt dem Zeugnis nicht seinen individuellen, persönlichen Charakter.

Im folgenden werden die Bestandteile eines qualifizierten Zeugnisses (mit z. T. stichwortartigen Hinweisen) aufgeführt; beim einfachen Zeugnis sind die Ziffern 6 und 7 wegzulassen.

1. *Firmenbogen*
   Name und Anschrift des Ausstellers.
2. *Überschrift*
   „Zeugnis" oder „Vorläufiges Zeugnis" oder „Zwischenzeugnis" oder „Ausbildungszeugnis".
3. *Eingangsformel*
   Zunächst werden die Personalien aufgeführt. Anschließend empfiehlt es sich, sogleich die Gesamtdauer der Beschäftigung (Eintritt in die Firma) mit den Funktionen zu erwähnen, um dem Zeugnisempfänger gewissermaßen auf den ersten Blick einleitend eine wichtige Information zu geben – z. B.:
   „Frau Anita Maier, geb. Schulze, geboren am 13. 2. 1938 in Saarbrücken, war vom . . . . . bis . . . . bei uns als . . . . . beschäftigt" bzw. „. . . . . ist seit . . . . . bei uns als . . . . beschäftigt".
   Bei mehreren Funktionen wird die letzte erwähnt – z. B.:
   „Herr Dr. jur. Karl Maier, geboren am 13. 2. 1938 in Berlin, war vom . . . . . bis . . . . . bei uns, zuletzt als . . . . beschäftigt."

4. *Art der Beschäftigung*
   Tätigkeitsbeschreibung; bei mehreren Funktionen ist der jeweilige Zeitraum anzugeben. Ggf. Hinweise auf längere Unterbrechungen (z. B. Wehrdienst).
5. *Gegebenenfalls: Fortbildungsmaßnahmen*
   Wann, jeweils wie lange, bei welchem Fortbildungsträger? Ggf. Hinweis auf Fortbildungsnachweise.
6. *Leistungsbeurteilung*
   Arbeitsgüte, -tempo, -ökonomie und -bereitschaft, Belastbarkeit, Fachkenntnisse, Ausdrucksvermögen, Verhandlungsgeschick.
7. *Führung im Dienst*
   Verantwortungsbereitschaft, Sozialverhalten, Beachtung von Vorschriften, Führungsverhalten (Führung von Mitarbeitern, wirtschaftliches Handeln).
8. *Austritt aus der Firma*
9. *Eventuell: Gründe für das Ausscheiden*
   Wenn der Arbeitnehmer diese Angabe wünscht bzw. bei betriebsbedingter Kündigung.
10. *Schlußformel*
    Bedauern über Ausscheiden, Dank für geleistete Arbeit, Wünsche für die Zukunft.
11. *Ort, Datum, Unterschrift.*

4. Zeugnissprache

Das Arbeitszeugnis soll einerseits ein wahres Bild des Arbeitnehmers vermitteln, andererseits aber auch dessen Fortkommen fördern (vgl. Kap. VI. 2. f). Da die Beurteilung im qualifizierten Zeugnis nicht mit klaren Notenziffern (wie im Schul- oder Prüfungszeugnis) dargestellt, sondern verbal beschrieben wird, stellt dies insbesondere bei Durchschnittskräften oder bei solchen Arbeitnehmern, die keinerlei Anstalten gemacht haben, sich über ein Minimum an notwendiger Leistung zu erheben, oft ein schwieriges Textproblem dar, um ihnen noch eine gute Chance auf dem Arbeitsmarkt zu sichern. Die modulationsfähige Vielfalt der Sprache erleidet dabei gelegentlich eine starke Einengung. Zeugnisaussteller greifen daher gerne auf Standardsätze zurück, die häufig verwendet werden. Allmählich hat sich im Arbeitsleben ein bestimmter Sprachgebrauch herausgebildet, der durch Publikationen aller Art und auf entsprechenden

Tagungen verbreitet wurde und wird. Es handelt sich hierbei nicht um geheime Absprachen unter Arbeitgebern, vielmehr um Formulierungshilfen, die allerdings oft wohlwollender klingen, als sie gemeint sind.

Obgleich die Abweichungen vom allgemeinen Sprachgebrauch – wie das *BAG* zu Recht feststellt[14] – nicht groß sind, vermag doch der der Zeugnissprache kundige Arbeitgeber mit der Verwendung der ständig wiederkehrenden Wendungen dem anderen Arbeitgeber Signale zu geben, sofern dieser „zwischen den Zeilen" lesen kann. Auch in dem Weglassen bestimmter Angaben, die üblicherweise im Zeugnis erwartet werden, kann ein „beredtes Schweigen" liegen, das dem anderen Arbeitgeber zu weiteren Erkundigungen Anlaß gibt.

Um beim Unkundigen Fehlinterpretationen zu vermeiden und um dazu beizutragen, die Zeugnissprache vom Odium des „Geheimcodes" zu befreien, werden nachfolgend wesentliche Ausdrucksformen dieser Sprache dargestelt – zu wünschen ist aber, daß die Aussagen im Zeugnis offener und ehrlicher werden und daß auf diese oft sprachlich unschönen „Signale" verzichtet wird.

a) Standardsätze bei Gesamtbeurteilungen[15]

Der Arbeitgeber macht sich bei der Zeugnisausstellung in der Regel ein Gesamtbild des Mitarbeiters, klassifiziert und stuft ihn nach der üblichen Notenskala ein. Dieses abschließende Gesamturteil über die Leistung wird von Arbeitgebern selbst bei ausführlicher Detailbeurteilung gerne vermerkt (obgleich dies in den Zeugnisvorschriften nicht ausdrücklich vorgesehen und auch nicht etwa gewohnheitsrechtlich verfestigt ist) und durch Verwendung nachstehender Standardsätze ausgedrückt:

---

14 *BAG,* 12. 8. 1976, BB 1976 S. 1516 = AP Nr. 11 zu § 630 BGB mit Anm. von *Schleßmann;* vgl. auch *Schleßmann,* BB 1975 S. 329 (330).

15 Vgl. ausführlich *Schmid,* DB 1982 S. 1111 und DB 1986 S. 1334.

Note	Er hat die ihm übertragenen Aufgaben . . . . erledigt	Er hat unseren Erwartungen . . . . entsprochen
Sehr gut	„stets und zu unserer vollsten Zufriedenheit“[16] oder „in jeder Hinsicht und außerordentlich zufriedenstellend“	„in jeder Hinsicht und in allerbester Weise“
gut	„stets und zu unserer vollen Zufriedenheit“[17] oder „voll und ganz zufriedenstellend“	„in jeder Hinsicht und in bester Weise“
befriedigend	„zu unserer vollen Zufriedenheit“ oder „stets zufriedenstellend“[18]	„in jeder Hinsicht“
ausreichend	„zu unserer Zufriedenheit“[19]	–
mangelhaft	„im großen und ganzen zufriedenstellend“	„im großen und ganzen“

Sprachlicher Unfug wie das Wort „vollsten“ wird dabei in Kauf genommen.

Ist die Arbeitsleistung vom Arbeitgeber nicht beanstandet worden, muß sie deshalb noch nicht als sehr gute Leistung bewertet werden; der Arbeitnehmer kann in diesem Falle nicht verlangen, daß die Formulierung „zu unserer vollen Zufriedenheit“ in „zu unserer vollsten Zufriedenheit“ geändert wird[20].

Mangelhafte Leistungsbeurteilungen werden durch folgende zusammenfassende Formulierungen zum Ausdruck gebracht:

16 *KG,* 6. 11. 1978, BB 1979 S. 988 (Teilabdruck).
17 *KG,* wie Anm. 16; *LAG Düsseldorf,* 20. 11. 1979, DB 1980 S. 546.
18 *BAG,* 12. 8. 1976, BB 1976 S. 1516 (nur Leitsatz).
19 *LAG Frankfurt,* 10. 9. 1987, BB 1987 S. 2370.
20 *LAG Düsseldorf,* 26. 2. 1985, DB 1985 S. 2692.

„Er hat im Rahmen seiner Fähigkeit – mit großem Fleiß und Interesse – mit viel Verständnis" gearbeitet oder „Er war stets bemüht – willens, seinen Aufgaben gerecht zu werden" oder „Er hat die ihm gemäßen Arbeiten erledigt" – d. h. er hat im Ergebnis nichts oder nur schlechte Leistungen erbracht[21]. Bei Führungskräften in der Chefetage bedient man sich, sofern überhaupt ein Zeugnis verlangt wird, in solchen Fällen der Formulierung: „Im beiderseitigen Einvernehmen schied er aus unserem Unternehmen aus".

Es ist recht schwierig, an diesen Standardsätzen vorbei sinnvolle Formulierungen zu finden. Besser wäre es, entweder das Gesamturteil nicht verbal, sondern mit einer Notenziffer darzustellen (was nicht üblich ist und wie ein Schulzeugnis klingen mag) oder aber ganz hierauf zu verzichten (vgl. hierzu die „Neue Zeugnisform" unter Ziff. 5).

b) Weitere Beispiele der Zeugnissprache

Schwache Leistungen werden wie folgt umschrieben: „Er war den Anforderungen gewachsen – er tat sein Bestes, um einen reibungslosen Arbeitsablauf zu gewährleisten – das Produktionsniveau konnte durch seine Arbeitsleistung gehalten werden."

Führungsprobleme werden folgendermaßen ausgedrückt: „Es gab Anlaß zu Beanstandungen – es fehlte am nötigen taktvollen Verhalten – es fiel ihm schwer, sich in die betriebliche Ordnung einzufügen – er gab viele Anregungen, die geprüft wurden" (aber keine Verbesserungsvorschläge) – „Er war kontaktbereit" (aber nicht kontaktfähig).

Mangelhafte Beurteilungen liegen des weiteren vor, wenn unwichtige *Merkmale* herausgehoben, wichtige dagegen nicht oder nur farblos, dürftig erwähnt werden, wenn sie sich in der Betonung von Unwesentlichem und in der Heraushebung von Selbstverständlichkeiten erschöpfen wie z. B. „Er zeichnete sich durch Pünktlichkeit und Korrektheit aus"; die Betonung der „Genauigkeit" läßt darauf schließen, daß das Arbeitstempo unterdurchschnittlich war.

Die Einfügung der Worte „im allgemeinen", „in der Regel", „im wesentlichen" oder „im großen und ganzen" stellt eine deutliche Abqualifizierung dar. Bei doppeldeutigen Worten wird in der Regel nur die negative Deutung herausgelesen; heißt es „Er war ein geselliger Mitarbeiter", so wird daraus entnommen, daß es Alkohol-

21 *BAG,* 24. 3. 1977, BB 1977 S. 997, vgl. auch *BAG,* 28. 3. 1979, BB 1979 S. 1401; *LAG Hamm,* 16. 3. 1989, BB 1989 S. 1486.

probleme während der Arbeitszeit gab. Bei Trunksucht wird in der Führungsbeurteilung formuliert: „Er gab Anlaß zu Beanstandungen" bzw. (falls er deshalb mehrfach unentschuldigt fehlte) „Er blieb wiederholt unentschuldigt seiner Arbeit fern" (vgl. Zeugnismuster im Anhang VII. 3).

Das *Weglassen bestimmter Prädikate* bei einer sonst positiven Beurteilung ist noch kein Hinweis auf deren Fehlen, wenn das Prädikat zu den Selbstverständlichkeiten des Berufskreises des Arbeitnehmers gehört. Soweit jedoch ein allgemeiner Brauch besteht, das Prädikat im Zeugnis zu erwähnen, kann die Nichterwähnung allerdings ein erkennbarer Hinweis für den Zeugnisleser sein[22].

Das Prädikat der *Ehrlichkeit* wird erwartet, wenn es sich um Arbeitnehmer handelt, die eine Vertrauensstellung bekleiden; dies ist bei Hausangestellten ebenso der Fall wie bei kaufmännischen Arbeitnehmern im Kassenwesen, bei Geldinstituten (auch Verkaufsfahrer mit Inkassovollmacht) und bei Arbeitnehmern, die Zugang zu wertvolleren Gegenständen haben (z. B. Angestellte in Schmuck-, Juweliergeschäften, Antiquariaten). Liegen kleinere, nachgewiesene Unredlichkeiten vor, so sollte dieses Prädikat vermieden werden[23]. Das *LAG Frankfurt*[24] hat ein Gewohnheitsrecht auf Bescheinigung der Ehrlichkeit im Tankstellendienst mit Recht abgelehnt; handelt es sich um ein Ausbildungszeugnis, sollte man, falls keine Bedenken in dieser Hinsicht bestehen, großzügig sein und dies auf Wunsch bescheinigen.

Das Prädikat der *Zuverlässigkeit* ist wichtiges Merkmal für Lohn- und Finanzbuchhalter[25], für Berufskraftfahrer (auch Lok- und Straßenbahnfahrer oder Fördermaschinisten), ein Weglassen dieses Prädikats gibt zu Bedenken Anlaß.

Auch das Weglassen bestimmter *Einzelmerkmale* in der Beurteilung (vgl. die Detailangaben unter Ziffer 5) kann ein deutliches, negatives Zeichen sein; fehlen *berufsspezifische* Merkmale, so muß nachgefragt werden, ob diese Angaben bewußt vermieden oder nur schlicht vergessen wurden.

Beim leitenden Angestellten sind Angaben zum Sozialverhalten und zum Führungsstil, bei einem Werbefachmann zur Kreativität, bei einem Konstrukteur Angaben zum Spezialgebiet, zu schöpferischer Begabung, zum Innovationsvermögen notwendig. Zur Beurteilung

---

22 *BGH,* 22. 9. 1970, BB 1970 S. 1395.
23 *BGH,* 15. 5. 1979, BB 1980 S. 779.
24 Urteil vom 21. 5. 1962, DB 1962 S. 1215.
25 *OLG Frankfurt,* 24. 11. 1982 – 9 U 87/80.

der „Führung“ gehören zwingend Angaben zum Sozialverhalten – fehlt die Angabe zum Verhalten gegenüber Vorgesetzten, so bestehen Anhaltspunkte dafür, daß das Verhalten zu beanstanden war (Vertragsbruch[26]) oder daß sogar Straftaten zum Nachteil des Arbeitgebers vorliegen. Bei gravierenden Führungsmängeln helfen sich Arbeitgeber damit, daß der gesamte Komplex „Führung“ weggelassen wird[27].

Noch nicht gefestigt ist in der Praxis die Verwendung der *Schlußfloskel* (oder Schlußformulierung), die komplett lautet: „Wir bedauern sein Ausscheiden, danken für die geleistete Arbeit und wünschen für den weiteren Berufsweg viel Erfolg“. Es ist üblich geworden, zumindest die „Wünsche für die Zukunft“ zu vermerken, sie entsprechen dem üblichen menschlichen Umgang; deren Fehlen läßt auf tiefgreifende Verärgerung (etwa Vertragsbruch oder gar Tätlichkeiten) schließen[28]. Diese Wünsche, wie bei jedem Abschied ein Akt der Höflichkeit, gehören auch in das einfache Zeugnis[29]. Da das „Bedauern über das Ausscheiden“ und der „Dank für geleistete Dienste“ eine Bewertung enthalten, kommen sie nur für das qualifizierte Zeugnis in Betracht und werden bei guten Mitarbeitern verwendet. Diese Schlußfloskel rundet eine gute Beurteilung ab, ihr Fehlen ist geeignet, solche Beurteilungen abzuwerten. Begeht ein Mitarbeiter jedoch Vertragsbruch, so ist dem Arbeitgeber die Verwendung der kompletten Schlußfloskel nicht zuzumuten (allenfalls der „Dank für geleistete Dienste“). Bislang hat sich in der Praxis noch keine notenmäßig abgestufte Schlußformulierung herausgebildet (z. B. das außerordentliche Bedauern – Dank für herausragende – gute Arbeit etc.); eine solche Abstufung innerhalb der Schlußfloskel sollte unterbleiben, um nicht zu weiteren Komplizierungen und Deuteleien Anlaß zu geben.

Einklagbar sind für gute bis durchschnittliche Mitarbeiter die Zukunftswünsche[30], die übrigen Teile der Schlußfloskel (noch) nicht.

Fehlt die Angabe des Beendigungsgrundes, so läßt sich daraus in der Regel schließen, daß der Arbeitgeber gekündigt hatte; denn diese Angabe wird im Zeugnis nur auf Wunsch des Arbeitnehmers (oder bei betriebsbedingter Kündigung) aufgenommen (vgl. Kap. VI. 1.b). Der Arbeitnehmer ist an der Erwähnung des Beendigungs-

26 *LAG Hamm,* 24. 9. 1985, NZA 1986 S. 99 (nur Leitsatz).
27 Siehe *BAG,* 29. 1. 1986, NZA 1987 S. 384 (nur Leitsatz).
28 *KG,* 6. 11. 1978, BB 1979 S. 988 (insoweit nicht abgedruckt).
29 A. A. *Schmid,* DB 1988 S. 2253.
30 *KG,* wie Anm. 28; a.A. *ArbG München,* 24. 6. 1987 – 22 Ca 2035/87.

grundes bei Kündigungen sicherlich nur dann interessiert, wenn er selbst gekündigt hatte. Heißt es „Das Arbeitsverhältnis wird im gegenseitigen Einvernehmen beendet“, so hat es betriebliche Probleme gegeben; dem Arbeitnehmer wurde nahegelegt, dem „Einvernehmen“ zuzustimmen, da andernfalls die arbeitgeberseitige Kündigung ausgesprochen worden wäre (in solchen Fällen könnte es für den Arbeitnehmer zweckmäßig sein, zuvor selbst zu kündigen, um die eigene Kündigung im Zeugnis aufnehmen zu lassen).

Insgesamt ist darauf zu achten, daß das Zeugnis vollständig ist, alle erforderlichen Angaben gemacht und die einzelnen Abschnitte aufeinander abgestimmt sind und daß es keine Widersprüche enthält; so können z. B. positive Formulierungen durch fehlende Beurteilung von wesentlichen Einzelmerkmalen oder fehlende Schlußfloskel entwertet werden.

5. Neue Zeugnisform

Bei der Formulierung wird viel Zeit gebraucht, um jedem Arbeitszeugnis ein individuelles Gesicht zu geben, wobei gerne auf Standardsätze zurückgegriffen wird (vgl. oben Ziffer 4).

Um die Zeugnisse aussagekräftiger zu machen, ist unter weitgehendem Verzicht auf die Gesamtbeurteilung das Begriffspaar „Leistung und Führung“ in Einzelmerkmale aufzuspalten; denn die Detailbeurteilungen sind von höherem Informationswert als die Gesamtbeurteilung, weil sie dem anderen Arbeitgeber eine genauere Analyse erlauben und er je nach den Anforderungen an den zu besetzenden Dienstposten eine andere Gewichtung vornimmt als der Zeugnisaussteller.

Zu der vom Wohlwollen getragenen Wahrheitspflicht gehört es, daß bei der Formulierung der Detailbeurteilungen eine offene und unzweideutige Sprache gewählt wird, die keine überzogenen Deuteleien zuläßt und für den Zeugnisleser verständlich ist. Wie ist das zu erreichen?

Zunächst sollte der Arbeitgeber zusammen mit dem Betriebsrat (vgl. § 94 Abs. 2 BetrVG) Beurteilungskriterien und -formulierungen entwickeln, die in Beurteilungsbogen eingefügt und zur Grundlage der Zeugnisausstellung gemacht werden. Diese Bogen sollten vorformulierte, notenmäßig abgestufte Satzteile enthalten – die Beurteilung erfolgt dann durch Ankreuzen der zutreffenden Aussage. Diese angekreuzten vorformulierten Satzteile können dann in das Zeugnis übernommen werden.

In solcherart konzipierten Arbeitszeugnissen finden sich zwar in der Regel keine zusammenhängenden Sätze mehr, aber wenn die äußere Form gewahrt wird (vgl. oben Ziffer 1), so bestehen hiergegen keine rechtlichen Bedenken, sie entsprechen vollinhaltlich den gesetzlichen Erfordernissen (siehe Beispiele im Anhang – C. VIII). Andere für den Empfänger wichtige Zeugnisse (Schulzeugnisse, Diplome, Erfolgsurkunden) sind ebenfalls mehr oder minder schablonenhaft gefertigt, ohne daß Bedenken dagegen vorgebracht würden.

Es ist aber folgende Vorsicht geboten: Wird der „Beurteilungsbogen" für das betriebsinterne Mitarbeiter-Beurteilungsverfahren gefertigt, so können die Formulierungen nicht ohne weiteres in das Zeugnis übernommen werden; Zeugnisse sind (im Gegensatz zur betriebsinternen Beurteilung) *wohlwollend* abzufassen. Der hier vorgeschlagene Beurteilungsbogen sollte also ausschließlich Formulierungen enthalten, die im Zeugnis verwendbar sind.

Diese „Neue Zeugnisform" besitzt folgende Vorteile:

- Sie ist mit dem Betriebsrat abgestimmt und somit innerhalb des Unternehmens transparent;
- die Beurteilung ist für jeden Arbeitnehmer nachvollziehbar und klar erkennbar;
- die Beurteilung ist evtl. mit dem Betroffenen bereits erörtert[31] (§§ 82 Abs. 2, 83 BetrVG), sofern das betriebsinterne Mitarbeiter-Beurteilungsverfahren durchgeführt wird, und daher können Streitigkeiten bezüglich des Zeugnisinhalts weithin vermieden werden;
- sie beugt einer unterschiedlichen Ausdruckweise der Beurteiler vor und garantiert für die gesamte Betriebsgemeinschaft eine einheitliche Zeugnissprache;
- sie erlaubt eine *rationelle* Zeugnisausstellung, die Arbeit in den Personalabteilungen wird nicht unerheblich vereinfacht; so ist es auch möglich, die Beurteilungs-Bausteine EDV-mäßig zu speichern und abzurufen.

Um dem neuen Arbeitgeber mitzuteilen, welcher Notenziffer die Satzteile zuzuordnen sind, ist es für den Arbeitnehmer nicht ausgeschlossen, dem neuen Arbeitgeber neben seinem Zeugnis auch einen Vordruck dieses Beurteilungsbogens mit den dort ersichtlichen notenmäßigen Umschreibungen vorzulegen, damit unzweifelhaft die

---

31 Über Beurteilungen in Personalakten, Einsichts- und Erörterungsrecht des Arbeitnehmers vgl. *BAG,* 28. 3. 1979, BB 1979 S. 1401.

Benotung entnommen werden kann. Das Verfahren mit solchen Beurteilungsbogen vermeidet, daß „Dekodierungshilfen" benötigt werden, und trägt wesentlich dazu bei, die Zeugnissprache von dem Verdacht der Geheimniskrämerei zu befreien. Dieses Verfahren verursacht zunächst einen gewissen Arbeitsaufwand (Erarbeitung der Kriterien), der aber später durch die rationelle Ausstellung von Zeugnissen ausgeglichen wird.

Als Alternative zu den bisher üblicherweise formulierten Zeugnissen wird in der berieblichen Praxis von dieser seit 1977 hier dargestellten „Neuen Zeugnisform", der die wirtschafts- und sozialrechtliche Literatur voll zugestimmt und sie als richtungweisend bezeichnet hat, zunehmend Gebrauch gemacht.

Sofern Beurteilungsbogen nicht vorhanden sind bzw. keine vorformulierten Aussagen enthalten, werden nachfolgend in 4 Noten abgestufte Satzteile (sehr gut – gut – durchschnittlich – mangelhaft) als Anregung gegeben. Dank der vom Wohlwollen zu tragenden Beurteilungen wird der jeweils letzte = mangelhafte Satzteil nur bei völligem Versagen des Arbeitnehmers im Zeugnis aufgenommen. Wem die Aussagen zu kurz gefaßt sind, kann sie mit weiteren Angaben „anreichern" (s. Beispiel 1 im Anhang C. VIII).

1. Leistungsbeurteilung

1.1 Arbeitsgüte

- Arbeitet äußerst gründlich, mit großer Sorgfalt, sehr zuverlässig und gewissenhaft
- Arbeitet stets gründlich, mit großer Sorgfalt, zuverlässig und gewissenhaft
- Arbeitet sorgfältig und genau
- Arbeitet im allgemeinen sorgfältig und genau

1.2 *Arbeitstempo*

- Arbeitet außergewöhnlich schnell und zügig
- Arbeitet schnell und zügig
- Arbeitet zügig
- Arbeitet beständig

1.3 Arbeitsökonomie

- Arbeitet sehr zielstrebig und rationell, organisiert sehr geschickt
- Arbeitet umsichtig und zweckmäßig, übersieht nichts Wesentliches

- Arbeitet planvoll, hat zufriedenstellenden Überblick
- Arbeitet etwas schematisch, hat ausreichenden Überblick

1.4 *Arbeitsbereitschaft*

- außergewöhnlich aktiv, mit großem Fleiß und Eifer
- zeigt stets Initiative, Fleiß und Eifer
- arbeitet willig, entwickelt zufriedenstellende Initiative
- erfüllt seine Aufgaben entsprechend den Erwartungen

1.5 *Belastbarkeit*

- unermüdlich, sehr belastbar
- ausdauernd, gut belastbar
- belastbar, ist den Anforderungen gewachsen
- eingeschränkt belastbar

1.6 *Fachkenntnisse*

- Umfassende, fundierte und vielseitige Fachkenntnisse, die er bei schwierigen Aufgaben sehr sicher einsetzte
- gründliche, abgesicherte Fachkenntnisse, die er bei schwierigen Aufgaben sicher einsetzte
- den Anforderungen stets entsprechende Fachkenntnisse, die er erfolgreich einsetzte
- hinreichende Fachkenntnisse

1.7 *Ausdrucksvermögen*

- formuliert klar, treffend und überzeugend
- drückt sich klar und gewandt aus
- formuliert recht prägnant
- formuliert im allgemeinen prägnant

1.8 *Verhandlungsgeschick*

- versierter und überzeugender Verhandlungspartner
- gewandter Verhandlungspartner
- durchaus geschickt im Verhandeln
- im allgemeinen geschickt im Verhandeln.

2. *Führungsbeurteilung*

2.1 *Verantwortungsbereitschaft/Vertrauen*

- im besonderen Maße verantwortungsbereit, genoß absolutes Vertrauen
- jederzeit verantwortungsbereit und sehr vertrauenswürdig
- verantwortungsbereit und vertrauenswürdig
- im allgemeinen verantwortungsbereit

2.2 *Sozialverhalten*

2.2.1 *Verhalten gegenüber Vorgesetzten*

- Benehmen und Haltung hervorragend
- stets korrekt und loyal
- gibt keinen Anlaß zu Beanstandungen
- ist gelegentlich schwierig/gibt Anlaß zu Beanstandungen

2.2.2 *Verhalten gegenüber Gleichgeordneten*

- legt auf gute Zusammenarbeit besonderen Wert und fördert sie aktiv
- arbeitet gut mit anderen zusammen und unterstützt die Zusammenarbeit
- arbeitet gern mit anderen zusammen
- fügt sich ein, ist kontaktbereit

2.2.3 *Verhalten gegenüber Publikum*

- sehr sicher und zuvorkommend
- sicher und taktvoll
- korrekt
- etwas kühl und unpersönlich

2.3 *Beachtung von Vorschriften*

- Vorbildliche Beachtung von Vorschriften, hält auch andere dazu an
- zuverlässige Beachtung von Vorschriften, hält auch andere dazu an
- ordnungsgemäße Beachtung von Vorschriften
- in der Regel ordnungsgemäße Beachtung von Vorschriften

2.4 Führungsverhalten

2.4.1 Führung von Mitarbeitern

- hervorragender Vorgesetzter, der es ausgezeichnet versteht, Mitarbeiter zu führen, umfassend zu informieren, Aufgaben und Verantwortung optimal zu delegieren; wird als Vorgesetzter voll anerkannt
- ist ein geachteter Vorgesetzter, fördert die Mitarbeiter, informiert über alles Erforderliche, delegiert gut Aufgaben und Verantwortung
- ist ein geschätzter Vorgesetzter, der sich für die Mitarbeiter einsetzte, die sachlich notwendigen Informationen weitergab, oft Aufgaben und Verantwortung delegierte
- Vorgesetzter, der sich für die Probleme der Mitarbeiter interessierte, gelegentlich Aufgaben delegierte

2.4.2 Wirtschaftliches Handeln

- denkt und arbeitet außergewöhnlich kostenbewußt und wirtschaftlich, leistete einen wesentlichen Beitrag zum wirtschaftlichen Erfolg des Unternehmens
- denkt und arbeitet sehr kostenbewußt und wirtschaftlich, das Unternehmen profitierte hiervon
- arbeitet kostenbewußt und wirtschaftlich
- arbeitet überwiegend wirtschaftlich

Diese als Anregung gegebenen „Bausteine" dürfen nicht gewissermaßen blindlings in eine Beurteilung übernommen werden, sondern stets sind die besonderen Umstände des Einzelfalls zu beachten. So ist es z. B. unzulässig, beim Verhalten gegenüber Vorgesetzten zu schreiben „ist gelegentlich schwierig" (vgl. oben Ziff. 2.2.1), wenn folgender Sachverhalt zugrunde liegt[32]:

Eine Angestellte war in der Zeit vom 2. 11. 1981 bis 31. 12. 1986 als Schmuckverkäuferin beschäftigt; Anfang September 1986 wurde ein Aufhebungsvertrag zur Beendigung des Arbeitsverhältnisses zum 31. 12. 1986 geschlossen, und sie erhielt am 2. September 1986 ein ausgezeichnetes Zwischenzeugnis. Nach Erteilung dieses Zwischenzeugnisses kamen Brillanten im Wert von ca. 30 000,– DM abhanden; auf Weisung der Arbeitgeberin durchsuchte die Angestellte den Laden und das Lager nach dem verschwundenen Schmuck. Nach erfolgloser Suche wurde sie nochmals hierzu angewiesen, wobei die

32 Vgl. *ArbG München*, 24. 6. 1987 – 22 Ca 2035/87, bestätigt vom *LAG München*, 13. 1. 1988 – 7 Sa 832/87.

Angestellte sich weigerte unter dem Hinweis, daß es bereits kurz vor 18 Uhr sei – dieser einmalige Vorfall wurde zum Anlaß genommen, im Schlußzeugnis vom 31. 12. 1986 zu formulieren, sie sei im Verhältnis zum Vorgesetzten „etwas schwierig“ – ein solcher, einmaliger Vorfall während dieser langen Beschäftigungszeit, der noch nicht einmal eine Pflichtverletzung darstellt, rechtfertigt niemals eine solch negative Formulierung.

VIII. Änderung des Zeugnisses

1. Widerruf durch den Arbeitgeber

Eine *Widerrufspflicht des Arbeitgebers* ist dann gegeben, wenn das Zeugnis *Unrichtigkeiten schwerwiegender Art* enthält. Es wird sich dabei stets nur um solche Fälle handeln, in denen eine weit über den Rahmen des Vertretbaren hinausgehende günstige Bewertung des Arbeitnehmers vorgenommen wurde, die sich nachträglich als falsch erweist, für einen anderen Arbeitgeber aber von ausschlaggebender Bedeutung für den Entschluß ist, den Bewerber einzustellen. Dies kann der Fall sein, wenn eine Unterschlagung oder ein Diebstahl zum Nachteil des Arbeitgebers nachträglich bekannt wird, im Zeugnis aber die Ehrlichkeit des Täters hervorgehoben war. Auch später bekannt gewordene Verstöße gegen § 174 StGB (Unzucht mit Abhängigen) – sofern der Arbeitnehmer deswegen rechtskräftig verurteilt wurde – rechtfertigen den Widerruf, wenn gerade die Qualifikation als Ausbilder hervorgehoben war. In solchen gravierenden Fällen muß der Arbeitgeber das Zeugnis widerrufen und zurückverlangen. Dagegen kann nicht jede unwichtige Ungenauigkeit herhalten, um ein Verlangen auf Rückgabe des erteilten Zeugnisses zu begründen.

Eine *Schadenshaftung* wird dann eintreten, wenn der Arbeitgeber, der das falsch gewordene Zeugnis erstellt hatte, nicht unverzüglich nach Bekanntwerden des die Richtigkeit der Angaben verfälschenden Sachverhalts eine Berichtigung veranlaßt, beziehungsweise bei Kenntnis des neuen Arbeitgebers, der den Zeugnisinhaber im Vertrauen auf die Richtigkeit des Inhalts eingestellt hatte, jenen nicht benachrichtigt (vgl. hierzu Kap. X.2.a).

Die Berichtigung, der Widerruf, die etwaige Benachrichtigung eines anderen Arbeitgebers muß unverzüglich erfolgen.

So muß das Zeugnis vom Empfänger zurückgefordert werden, wenn dessen Aufenthaltsort bekannt ist; anders ist allerdings ein Widerruf praktisch nicht durchführbar. Die Information des neuen Arbeitgebers ist ebenfalls nur möglich, wenn er dem Aussteller bekannt ist.

Unwesentliche Berichtigungen sind dann nicht am Platze, wenn die Dokumentation in ihrem Bestand nicht verändert würde.

2. Arbeitnehmer verlangt Änderungen

Der Arbeitnehmer kann eine *Änderung des Zeugnisses* (oder Berichtigung) verlangen. Genau genommen macht er, da das Gesetz einen solchen Anspruch nicht vorsieht, weiterhin den Erfüllungsanspruch geltend, der darin besteht, ihm ein nach Form und Inhalt den gesetzlichen Vorschriften entsprechendes Zeugnis zu erteilen[1]. Der „Berichtigungsanspruch" entfällt, sofern der beanstandete Text ohne jegliche Bedeutung ist[2] bzw. eine Ausgleichsquittung ohne entsprechenden Vorbehalt erteilt wurde (vgl. Kap. V. 3). Der Anspruch entfällt auch dann, wenn der Arbeitnehmer jede Einzelleistung erwähnt haben will, die aber unwesentlich für die Gesamtdarstellung ist und der bei einer Bewerbung keine Bedeutung zukommt. Bei Werturteilen, die von früheren Beurteilungen in den Personalakten abweichen, könnte ein Berichtigungsanspruch begründet sein, es sei denn, daß zwischenzeitlich entsprechende Vorfälle solche Abweichungen rechtfertigen.

Die Beanstandung des Zeugnisses muß ausdrücklich erfolgen, die (bloße) Erhebung der Kündigungsschutzklage reicht hierzu nicht aus[3].

Die Zeugnisberichtigung erfolgt durch Ausstellung eines neuen Zeugnisses, das so abzufassen ist, als ob es sich um die Erstfertigung handelt. Z. B. ist eine Bezugnahme auf das Gerichtsurteil, das dem Arbeitgeber die Berichtigung aufgetragen hat, nicht zulässig[4].

Wird der Zeugnisanspruch von einer tariflichen *Ausschlußfrist* erfaßt (vgl. Kap. V. 2), so beginnt sie für den „Berichtigungsanspruch" mit dem Zeitpunkt, an dem der Arbeitnehmer das Zeugnis erhalten hat, denn erst dann vermag er zu beurteilen, ob der Arbeitgeber bei der Zeugnisformulierung den gesetzlichen Vorschriften entspricht[5].

Auch für den Fall, daß der Arbeitnehmer erst nach Ablauf der Ausschlußfrist ein Zeugnis beantragt und es dennoch ausgestellt

1 *BAG,* 23. 2. 1983, BB 1983 S. 1859 (nur Leitsatz).
2 *ArbG Düsseldorf,* 19. 12. 1984, NJW 1986 S. 1281.
3 *BAG,* 17. 10. 1972, BB 1973 S. 195.
4 *LAG Baden-Württemberg,* 27. 10. 1966, BB 1967 S. 161.
5 *BAG* – wie Anm. 1.

wird, „lebt“ die Ausschlußfrist für den Berichtigungsanspruch (wieder) auf. Der Arbeitnehmer kann die Frist zeitlich voll ausschöpfen, der Arbeitgeber kann und muß sich hierauf einstellen.

Besteht jedoch für den Zeugnisanspruch *keine Ausschlußfrist,* so kann der Arbeitnehmer seinen Anspruch auf „Zeugnisberichtigung“ (und auch auf Schadensersatz) wegen mißbräuchlicher Rechtsverfolgung verwirken, wenn der Arbeitnehmer längere Zeit zuwartet, nichts unternimmt und sein Verhalten vom bisherigen Arbeitgeber nur so aufgefaßt werden kann, daß die Sache ihr Bewenden habe, insbesondere wenn der Arbeitnehmer erst sehr energisch unter Fristsetzung sein Zeugnis verlangt und danach zunächst nichts von sich hören läßt. In einem vom *BAG*[6] entschiedenen Fall hatte der Arbeitnehmer nach erfolgloser Kündigungsschutzklage in einem weiteren Prozeß erst im Wege der Widerklage 5 Monate nach Erhalt des Zeugnisses Schadensersatz wegen angeblich unrichtigen Zeugnisses verlangt. Die Klage wurde zu Recht abgewiesen, weil der Arbeitgeber mit solchen Ansprüchen nicht mehr zu rechnen brauchte. In einem weiteren Falle hatte das *BAG*[7] den Anspruch auf „Berichtigung“ als verwirkt angesehen, der erst nach 10 Monaten weiterverfolgt wurde; hier hatte der Arbeitnehmer durch dreimaliges Ersuchen um Zeugnisausstellung sein lebhaftes Interesse an einem Zeugnis zum Ausdruck gebracht, und als er es erhielt, 10 Monate zugewartet – der Arbeitgeber konnte davon ausgehen, der Arbeitnehmer werde sich alsbald melden, wenn er mit dem Zeugnis nicht einverstanden sei (und nicht 10 Monate zuwarten).

Nun braucht es sich nicht in jedem Falle um eine Zeitspanne von 5 bzw. 10 Monaten zu handeln. Auch kürzere Zeitabläufe kommen in Betracht, allerdings muß stets der Arbeitgeber Tatsachen vortragen, aus denen seine Überzeugung ableitbar ist, der Arbeitnehmer werde sein Berichtigungsverlangen nicht mehr geltend machen. Das *LAG Hamm*[8] hat jedoch eine Zeitspanne von rund 2½ Monate noch nicht als ausreichend erachtet, um eine Verwirkung anzuerkennen. Es gibt keine Mindest-Zeitspanne, es kommt immer auf die besonderen Umstände und das Verhalten des Zeugnisempfängers an.

Angesichts dieser Urteile ist die in den Vorauflagen als *Faustregel* genannte Frist von 4 Wochen[9] als hinreichende Überlegungszeitspanne wohl etwas knapp bemessen. Sicherlich muß erwartet werden, daß ein ausgeschiedener Arbeitnehmer unmittelbar nach Erhalt

---

6 *BAG,* wie Anm. 3.
7 Urteil vom 17. 2. 1988, BB 1988 S. 978.
8 Urteil vom 16. 3. 1989, BB 1989 S. 1486.
9 So *Grimm,* AR-Blattei „Zeugnis“ D III 2.

des Zeugnisses Einwendungen erhebt und nicht erst den Erfolg seiner Bemühungen auf dem Arbeitsmarkt abwartet, um dann mit Änderungswünschen zu kommen, wenn die Stellensuche erfolglos geblieben ist. Es ist auch nicht auszuschließen, daß ein Arbeitnehmer, der nach längerer Zeit ein anderes Zeugnis verlangt, von dem ihm zuerst erteilten bereits Gebrauch gemacht hat; das kann zu nachteiligen Folgen auch für den Aussteller eines weiteren Zeugnisses führen, weil er sich dann dem Verdacht aussetzt, ein Gefälligkeitszeugnis gegeben zu haben[10]. Schließlich wird die Zeitspanne für den Berichtigungsanspruch kürzer als die für den Anspruch auf Zeugniserteilung (etwa 6 Monate – vgl. Kap. V. 3) zu bemessen sein, da von dem Arbeitnehmer, der bereits im Besitz eines Zeugnisses ist, eine schnellere Prüfung erwartet werden kann als von demjenigen, der noch nicht sogleich übersehen kann, ob er überhaupt ein Zeugnis benötigt. Daher wird dem Zeugnisempfänger – als „Faustregel" – eine Frist von 3–4 Monaten zuzubilligen sein, ohne sogleich mit dem Verdikt der Verwirkung belegt zu werden.

IX. Erzwingbarkeit des Zeugnisanspruchs

Der Arbeitnehmer kann sein Recht auf Erteilung eines Zeugnisses – sofern es nicht erloschen oder verwirkt ist – im Klagewege vor dem Arbeitsgericht (§ 2 Abs. 1 Nr. 3 e ArbGG) erzwingen[1]; das ordentliche Gericht ist hingegen zuständig, falls § 630 BGB die Grundlage darstellt wie z. B. bei leitenden Angestellten (in Anbetracht des Streitwertes – siehe unten – in der Regel das Landgericht, bei Organmitgliedern stets die Kammer für Handelssachen). Auch wo es sich um eine „Berichtigung" handelt, geht es um die Ausstellung eines richtigen oder vollständigen Zeugnisses (siehe Kapitel VIII). Klagegegner ist der zur Zeugniserteilung verpflichtete Arbeitgeber (bzw. bei Arbeitnehmern von Stationierungsstreitkräften: die Bundesrepublik[2]). Angesichts der schwierigen Materie und weitreichenden Folgen empfiehlt es sich, bei einem Rechtsstreit einen auf dem Zeugnisrecht besonders Fachkundigen einzuschalten (z. B. Fachanwalt für Arbeitsrecht), auch wenn in der ersten Instanz jede Partei ihre Kosten selbst tragen muß (§ 12a ArbGG).

Die dem Arbeitgeber obliegende Verpflichtung zur Zeugniserteilung wird durch ein Vergleichsverfahren oder sogar durch einen *Konkurs* nicht unterbrochen; der nunmehrige Gemeinschuldner

10 *BAG,* wie Anm. 7.

1 Für Entwicklungshelfer: § 2 Abs. 1 Nr. 7 ArbGG.
2 *BAG,* 29. 1. 1986, NZA 1987 S. 384 (nur Leitsatz).

bleibt wie bisher als Arbeitgeber verpflichtet, der Konkursverwalter ist hierfür nicht zuständig[3]. Hat jedoch der Arbeitnehmer nach Eröffnung des Konkurses tatsächlich weitergearbeitet, so kann er vom jetzigen Gemeinschuldner für die Zeit bis zur Konkurseröffnung ein Zwischenzeugnis und für die Zeit danach vom Konkursverwalter ein Zeugnis verlangen[4]. Es sind aber Fälle denkbar, bei denen es nach Konkurseröffnung an einem „Arbeitgeber“ fehlt, so bei Konkursstraftaten, Flucht des Organvertreters; um Schädigungen des Arbeitnehmers zu vermeiden, muß dann die Zuständigkeit des Konkursverwalters manipuliert werden.

Der Zeugnisanspruch ist vermögensrechtlicher Natur; da er nicht auf eine Geldleistung gerichtet ist, ist die Höhe des *Streitwertes* vom Gericht zu schätzen – maßgeblich ist das wirtschaftliche Interesse des Arbeitnehmers. Zugrunde gelegt wird in der Regel dessen Brutto-Monatseinkommen, und zwar: Klage auf Zeugniserteilung = 1 Monatsgehalt[5], Klage auf Berichtigung/Ergänzung des Zeugnisses[6] bzw. auf Erteilung eines Zwischenzeugnisses[7] = ½ Monatsgehalt.

Da es grundsätzlich Sache des Arbeitgebers ist, das Zeugnis zu formulieren, steht dem Arbeitnehmer in der Regel ein Anspruch auf Neuformulierung des Zeugnisses nicht zu. Vielmehr muß sich sein *Klageantrag* auf Ergänzungen und Berichtigungen beschränken[8]. Es obliegt sodann dem Gericht, dieses Begehren zu überprüfen und unter Umständen im ganzen oder in einzelnen Punkten selbst neu zu formulieren[9]. Geht der Streit so weit, daß praktisch der gesamte Zeugnisinhalt beanstandet wird, so hat der Arbeitnehmer den gewünschten Zeugnisinhalt voll in den Klageantrag aufzunehmen[10].

Die *Beweispflicht*, daß das Zeugnis vollständig und richtig ist, hat nach der bemerkenswerten Entscheidung des *Bundesarbeitsgerichts* vom 23. 6. 1960[11] der *Arbeitgeber*, da es keinen Zeugnis-Berichtigungsanspruch des Arbeitnehmers gebe, sondern dessen Recht auf ein richtiges Zeugnis zur Beurteilung stehe. Für die Erfüllung seiner Leistungspflicht sei aber jeweils der Schuldner, hier also der Arbeitgeber, beweispflichtig. Er kann diese Pflicht erfüllen durch Vorlage

3 *BAG,* 28. 11. 1966, AR-Blattei „Zeugnis“ Entsch. 6.
4 *LAG Baden-Württemberg,* 8. 2. 1979 – 4 Sa 116/78.
5 *LAG Baden-Württemberg,* 4. 2. 1985, DB 1985 S. 2004.
6 *LAG Baden-Württemberg,* 30. 11. 1976, BB 1977 S. 400 (Teilabdruck).
7 *LAG Hamm,* 23. 2. 1989, BB 1989 S. 634 (nur Leitsatz).
8 *LAG Düsseldorf,* 26. 2. 1985, DB 1985 S. 2692.
9 *BAG,* 8. 2. 1984 – 5 AZR 58/82.
10 *LAG Düsseldorf,* 21. 8. 1973, DB 1973 S. 1853.
11 BB 1960 S. 983; *BAG,* 8. 2. 1984 – 5 AZR 58/82; *LAG Hamm,* 16. 3. 1989, BB 1989 S. 1486.

von zwischenzeitlich erteilten Zeugnissen, von Beurteilungen im Rahmen des Mitarbeiterbeurteilungsverfahrens, von schriftlichen Abmahnungen (die sich in der Personalakte befinden) oder durch Bezeugungen von Fachvorgesetzten mit deren Darstellung der Leistungen und des Verhaltens, evtl. unter Berücksichtigung von mündlichen Ermahnungen.

Die Überbürdung der Beweislast auf den Arbeitgeber mag auf den ersten Blick erschwerend empfunden werden. Doch ist zu berücksichtigen, daß dem Arbeitgeber dank seiner umfangreichen Hilfsmittel und den Möglichkeiten erschöpfender Aufklärung eine Beweisführung leichter fällt als dem möglicherweise im Betrieb nicht mehr tätigen Arbeitnehmer. Allerdings entbindet dies nicht den Arbeitnehmer, zunächst einmal diejenigen Umstände darzulegen, aus denen sich die begehrte Beurteilung schlüssig ergibt[12].

Die *Beweislast* für die Richtigkeit und Vollständigkeit des erteilten Zeugnisses kehrt sich aber um, wenn der Arbeitnehmer gegen das Zeugnis zunächst nichts unternimmt, sondern erst später mit Einwendungen kommt, nachdem der erhoffte Erfolg auf dem Arbeitsmarkt ausgeblieben ist; denn die Verwendung des Zeugnisses bei Bewerbungen ist als „Annahme“ im Sinne von § 363 BGB zu werten (sofern nicht das Recht wegen verspäteter Geltendmachung ohnehin schon erloschen oder verwirkt ist – siehe Kap. VIII).

Ein Zeugnis im einzelnen zu formulieren ist Sache des Arbeitgebers. Er ist in seiner Entscheidung frei, welche positiven oder negativen Leistungen und Eigenschaften des Arbeitnehmers er hierin mehr hervorheben will als andere; das Zeugnis darf nur nichts Falsches enthalten. Ein berechtigtes Interesse an großer Ausführlichkeit über behauptete Einzelleistungen des Arbeitnehmers kann nicht anerkannt werden. Ein Zeugnis ist *keine Rechtfertigungsschrift,* sondern eine *prägnante Zusammenfassung* des Arbeitsauftrages, wobei Einzelerfolge, deren Wahrheitsgehalt ohnehin kaum nachprüfbar ist, nicht erwähnt zu werden brauchen.

Da die Zeugnisse unmittelbar vom Arbeitgeber erteilt werden müssen, eine Stellvertretung nur beschränkt möglich ist, es vielmehr auf die persönliche Beurteilung und Ausstellung durch den Arbeitgeber ankommt, stellt sich die Zeugniserteilung als unvertretbare Handlung im Sinne von § 888 ZPO dar[13]; die etwa notwendige *Zwangsvollstreckung* erfolgt durch Androhung von Zwangsgeld oder Zwangshaft. Im Vollstreckungsverfahren kann nicht der *Inhalt* eines

---

12 *LAG Baden-Württemberg,* 6. 12. 1985, zitiert nach *Kosnopfel,* BB 1986 S. 1983.
13 *BAG,* 29. 1. 1986, NZA 1987 S. 384 (nur Leitsatz).

Zeugnisses erzwungen werden (auch nicht ein Zeugnis mit anderem Inhalt), es sei denn, dieses Zeugnis entspricht nicht den *Mindestanforderungen* an ein Zeugnis[14]. Wird in einem Prozeßvergleich der Arbeitgeber verpflichtet, ein wohlwollendes, qualifiziertes Zeugnis zu erteilen, so kann im Vollstreckungsverfahren nicht eingewendet werden, das erteilte Zeugnis sei nicht wohlwollend – dies betrifft den Inhalt des Zeugnisses und ist in einem Verfahren auf Zeugnisberichtigung zu verfolgen[15].

Der Arbeitnehmer kann auf seinen Antrag gemäß § 61 Abs. 2 ArbGG den Arbeitgeber zur Erteilung eines Zeugnisses und für den Fall, daß die Ausstellung nicht binnen einer bestimmten Frist vorgenommen wird, zur Zahlung einer vom Arbeitsgericht nach freiem Ermessen festzusetzenden Entschädigung verurteilen lassen; wird das Zeugnis nicht innerhalb der im Urteil bestimmten Frist erteilt, so ist der Arbeitnehmer auf die Vollstreckung der zugesprochenen Entschädigungsleistung beschränkt – der Entschädigungsbetrag tritt quasi an die Stelle des Zeugnisses.

X. Haftung des Ausstellers

1. Gegenüber dem Arbeitnehmer

Bei *Verweigerung der Ausstellung* eines Zeugnisses wie auch bei *verspäteter Erteilung* (vgl. Kap. III. 4) macht sich der Arbeitgeber gemäß § 286 BGB schadensersatzpflichtig. Ebenso können sich Schadensersatzansprüche wegen positiver Vertragsverletzung ergeben, wenn das Zeugnis Bewertungen enthält, die für den Arbeitnehmer nachteilig wirken und gegebenenfalls einer richterlichen Nachprüfung nicht standhalten. Der Schaden kann erheblich sein, wenn dem Arbeitnehmer eine gute Chance entgeht, weil er kein oder kein ordnungsgemäßes Zeugnis über seine Tätigkeit bei dem Arbeitgeber vorlegen kann[1]. Wenn auch der Arbeitgeber die Beweislast für die Richtigkeit und Vollständigkeit des Zeugnisses trägt (siehe Kap. IX), so hat der *Arbeitnehmer* darzulegen und zu beweisen, daß eine festgestellte Unrichtigkeit oder Unvollständigkeit bzw. die Nichterteilung oder verspätete Erteilung eines Zeugnisses *ursächlich*

14 *LAG Frankfurt,* 14. 8. 1980, BB 1981 S. 54.
15 *LAG Frankfurt,* 16. 6. 1989, BB 1989 S. 1761 (nur Leitsatz).

1 *BAG,* 26. 2. 1976, BB 1976 S. 841 (Teilabdruck); vgl. auch *Kölsch,* NZA 1985 S. 382.

für einen Schaden gewesen ist[2]. Es mag für den Arbeitnehmer schwierig sein, den maßgeblichen Kausalzusammenhang darzulegen und zu beweisen. Er kann sich auch auf die Grundsätze des Anscheinsbeweises nicht berufen. Denn es gibt keinen allgemeinen Erfahrungssatz, der die Grundlage auch nur für eine tatsächliche Vermutung in der Richtung bieten könnte, daß die Erfolglosigkeit einer Bewerbung oder auch einer Vielzahl von Bewerbungen auf das Fehlen eines Arbeitszeugnisses oder dessen verspäteter Erteilung beruhen müßte[3].

Allerdings kommt dem Arbeitnehmer für den Nachweis dafür, daß z. B. ein Minderverdienst auf die Pflichtverletzung des Arbeitgebers zurückzuführen ist, die Beweiserleichterung des § 252 Satz 2 BGB zugute[4]; ein etwa entgangener Verdienst kann demnach auch mit Erfolg geltend gemacht werden, wenn nach dem gewöhnlichen Lauf der Dinge oder nach den besonderen Umständen, insbesondere nach den getroffenen Anstalten und Vorkehrungen, ein Gewinn mit Wahrscheinlichkeit erwartet werden kann. Das bedeutet, daß statt des positiven Nachweises die *Wahrscheinlichkeit* eines Minderverdienstes genügt. Hierbei sind keine besonders strengen Maßstäbe anzulegen; eine gewisse Wahrscheinlichkeitsschätzung gemäß § 287 ZPO ist möglich.

Eine besonders sorgfältige Prüfung des Kausalzusammenhangs zwischen dem säumigen Verhalten des Arbeitgebers und der entgangenen Chance ist dann geboten, wenn der Arbeitnehmer zur Unzeit gekündigt hat oder unter Vertragsbruch ausgeschieden ist, wenn ihm aus Gründen, die in seinem Verhalten lagen, gekündigt oder er aus einem wichtigen Grund fristlos entlassen wurde. Solche Momente bleiben anderen Arbeitgebern nicht verborgen, so daß in solchen Fällen die Ursache der Arbeitslosigkeit weniger auf das Zurückhalten des Zeugnisses als auf das Sozialverhalten des Arbeitnehmers zurückzuführen ist.

Ist der Anspruch auf Zeugnisberichtigung durch Ablauf der Ausschlußfrist oder Verwirkung erloschen, so entfällt auch ein Schadensersatzanspruch wegen nicht ordnungsgemäßer Zeugnisformulierung.

---

2 *BAG,* 25. 10. 1967, BB 1968 S. 545; 24. 3. 1977, BB 1977 S. 997.
3 *LAG Berlin,* 8. 5. 1989, BB 1989 S. 1825.
4 *BAG,* wie Anm. 1.

2. Gegenüber einem Dritten

a) Haftung aus Vertrag

Der *BGH* hat in dem bemerkenswerten Urteil vom 15. 5. 1979[5] die Haftung Dritten gegenüber nach vertraglichen bzw. vertragsähnlichen Grundsätzen anerkannt und zwar, wenn

1. die grobe objektive Unrichtigkeit eines zunächst in gutem Glauben ausgestellten Zeugnisses dem Aussteller nachträglich bewußt geworden ist,
2. dem Aussteller ferner bekannt ist, daß ein bestimmter Dritter auf das Zeugnis vertraut hat und dadurch schweren Schaden zu nehmen droht, und
3. keinerlei tatsächliche Schwierigkeiten oder billigenswerte Rücksichten einer umgehenden Warnung des Dritten entgegenstehen.

Der *BGH* führt aus, daß dem Zeugnis (über die deliktische Haftung hinaus) ein „vertrauenerweckender Bescheinigungscharakter" zuzuerkennen sei, es ergebe sich eine rechtsgeschäftliche Komponente, die eine Mindestgewähr für die Richtigkeit der im Zeugnis bescheinigten Fakten darstelle. Das Zeugnis – als „gesetzlich fixierte Nebenpflicht aus dem Dienstvertrag" – sei weder eine reine Gefälligkeit, noch eine im weiteren Sinne unentgeltliche Leistung. Sein Wert für den Arbeitnehmer beruhe gerade darauf, daß die Person des Ausstellers vertrauenerheischend hinter den im Zeugnis bescheinigten Aussagen stehe. Der Rechtsverkehr erkenne dem Zeugnis eine Verbindlichkeit zu, die es aus der Übernahme einer gewissen Mindestgewähr des Ausstellenden für den Inhalt des Zeugnisses auch gegenüber nachfolgenden Arbeitgebern beziehe.

In dem entschiedenen Falle wurde ein *Buchhalter* im Zeugnis als „zuverlässiger Mitarbeiter" beschrieben, nachträglich sind aber Unterschlagungen in Höhe von etwa ¼ Mio. DM festgestellt worden, ohne daß der neue Arbeitgeber informiert wurde, der seinerseits wiederum durch Unterschlagungen geschädigt wurde – der Zeugnisaussteller wurde zum Schadensersatz in Höhe von 140 000,– DM verurteilt.

Die in dem Urteil hervorgehobene „Haftung aus Bescheinigungen" eröffnet eine schuldrechtliche Haftung außerhalb des Deliktsrechts insbesondere des § 826 BGB (s. unten), die sehr beachtlich ist. Denn der frühere Arbeitgeber kann sich für fehlerhaftes Verhalten eines mit der Ausstellung von Zeugnissen Beauftragten nicht nach § 831

5 BB 1980 S. 779.

BGB entlasten (sondern haftet wie für eigenes Verschulden nach § 278 BGB), und im Gegensatz zu § 826 BGB wird auch der reine Vermögensschaden erfaßt, vor allem ist eine Haftung aus bestimmten *fahrlässigen* Versäumnissen zu begründen. Um aber nicht eine uneingeschränkte Garantiehaftung mit kaum überschaubaren Haftungsrisiken anzunehmen, hat der *BGH* einschränkend für diese Vertragshaftung Vorsatzelemente zugrunde gelegt, und zwar: Der Zeugnisaussteller muß zumindest die Unrichtigkeit des Zeugnisses und die Gefährdung des Dritten klar *erkannt* haben (er haftet, auch wenn die Benachrichtigung nicht in Schädigungsvorsatz, sondern aus Nachlässigkeit oder Vergeßlichkeit versäumt wurde) – ist ihm hingegen die Unrichtigkeit des Zeugnisses bei der Ausstellung durch bloße Nachlässigkeit *nicht bewußt* und von ihm auch nicht nachträglich erkannt worden, entfällt die Haftung.

Schließlich muß sich, um eine Haftung zu begründen, die Wahrheits- und Berichtigungspflicht auf Punkte beziehen, die die Verläßlichkeit des Zeugnisses in ihrem *Kern* berühren – das war im vorliegenden Falle gegeben; denn ein Zeugnis, das „einen sechsstelliger Unterschleife schuldigen Buchhalter als zuverlässig erscheinen läßt, ist absolut irreführend."

Diese Vertragshaftung erhöht die Verantwortung derer, die zur Konzeption von Zeugnissen zuständig sind. Darüber sollten auch jene Vorgesetzten informiert werden, die das Material für das Arbeitszeugnis liefern. Die Schulung aller Führungskräfte zur sorgfältigen Beachtung der Grundsätze für eine objektive, somit gerechte Beurteilung der Mitarbeiter erhält damit erhöhte Bedeutung.

b) Haftung aus § 826 BGB

Die Haftung aus einem den Tatsachen nicht entsprechenden Zeugnis Dritten gegenüber ist eindeutig, wenn *vorsätzlich* in einer *gegen die guten Sitten* verstoßenden Weise einem anderen Schaden zugefügt wird (vgl. § 826 BGB). Es muß also die Absicht bestehen, einen anderen Arbeitgeber durch ein frisiertes Zeugnis zur Einstellung eines mit erheblichen Fehlern (Mangel an fachlichen Fähigkeiten, schweren charakterlichen Untugenden und verbrecherischen Neigungen) behafteten Bewerbers zu veranlassen, um ihn zu schädigen.

Ein Vorsatz wäre dann nicht zu begründen, wenn der Arbeitgeber keinen an sich schwerwiegenden Vorbehalt hinsichtlich Leistungen oder Führung macht, weil der ausscheidende Arbeitnehmer glaubhaft versichert, daß er sich bessern wird, und wenn nach den ganzen

Umständen des Falles angenommen werden kann, daß der Arbeitgeber solchen Versicherungen Glauben schenken darf. *Fahrlässiges Handeln genügt nicht,* um die Folgen des § 826 BGB auszulösen.

Allerdings genügt sogenannter *bedingter Vorsatz,* d. h. der Arbeitgeber muß damit rechnen können, daß bei einem anderen Arbeitgeber durch die günstige Färbung des Zeugnisses oder durch Weglassen wesentlicher Merkmale, vor allem durch Betonung gegenteiliger Qualifikationen (fachliche Fähigkeiten, die der Arbeitnehmer nicht oder höchst unzureichend besitzt), oder Veranlagung (zu Diebstahl, Unterschlagung, unsittlichen Handlungen, Neigung zu Brutalität), ein Schaden eintritt.

Der *Bundesgerichtshof* hat in seinem Urteil vom 22. 9. 1970[6] bei einem Verschweigen strafbarer Handlungen gegen den Arbeitgeber (Urkundenfälschung, Untreue, Unterschlagung) und der darauf gestützten fristlosen Entlassung eine Schadenshaftung bejaht: „. . . zu berücksichtigen ist ein berechtigtes und verständliches Interesse des künftigen Arbeitgebers, welches für die Kenntnis von strafbaren Handlungen des Arbeitnehmers, jedenfalls solchen erheblichen Umfangs, die mit dem Arbeitsverhältnis in einem unmittelbaren Zusammenhang stehen, zu bejahen ist. Eine durch das Verschweigen derartiger strafbarer Handlungen zum Ausdruck kommende wohlwollende Gesinnung zugunsten des Arbeitnehmers auf Kosten anderer Arbeitgeber steht der Annahme sittenwidrigen Handelns im Sinne des § 826 BGB nicht entgegen. Bei der Beantwortung der Frage nach der Sittenwidrigkeit kann auch nicht außer Betracht bleiben, daß eine zu großzügige Handhabung nachteiliger Gesichtspunkte schließlich zu einer Entwertung der Zeugnisse im allgemeinen und damit zu einer nicht gerechtfertigten Benachteiligung der günstig zu bewertenden Arbeitnehmer führen würde, weil sich niemand mehr auf die Richtigkeit eines Zeugnisses verlassen könnte."

Der *Bundesgerichtshof* fügt sodann hinzu, daß ein derart leichtfertiges Verhalten beim Ausstellen eines in wesentlichen Punkten unrichtigen Zeugnisses vor allem dann einen Verstoß gegen die guten Sitten darstelle, wenn der Aussteller billigend in Kauf nehme, daß Dritte durch den unrichtigen Inhalt des Zeugnisses geschädigt werden könnten. In dem genannten Urteil hatte ein Handlungsbevollmächtigter über 20 000,– DM unterschlagen, und im Zeugnis wurde vermerkt: „Er hatte die Aufgaben zu unserer Zufriedenheit erledigt."

---

6 BB 1970 S. 1395; vgl. auch Urteil vom 26. 11. 1963, DB 1964 S. 517.

Das *OLG Frankfurt*[7] verurteilte den Zeugnisaussteller zu rund 114 000,– DM Schadensersatz, weil er einer Buchhalterin, die bei ihm 65 000,– DM veruntreute, im Zeugnis u. a. attestierte, sie „konnte alle anfallenden Arbeiten rasch und zuverlässig erledigen" und wünschte „ihr für ihren weiteren Berufsweg alles Gute". Diese Buchhalterin veruntreute beim neuen Arbeitgeber Geldbeträge, die der Zeugnisaussteller gemäß § 826 BGB zu ersetzen hatte (unter Berücksichtigung des Mitverschuldens wegen mangelnder Überwachung gem. § 254 BGB). Das Gericht führte aus, je gravierender die Unrichtigkeit des Zeugnisses zugunsten des Arbeitnehmers und zu Lasten des Verkehrsschutzes sei, desto näher müsse es für den Zeugnisaussteller liegen, daß andere durch das Zeugnis getäuscht würden.

Der Schädigungsvorsatz muß sich nicht gegen eine bestimmte Person richten, die Delikthaftung ist auch dann begründet, wenn der Dritte (= der neue Arbeitgeber) dem Zeugnisaussteller nicht bekannt ist. Um aber eine Haftung zu begründen, muß § 826 BGB schon sehr (wie es der *BGH* ausdrückt[8]) „strapaziert" werden; denn das erforderliche *vorsätzliche* Handeln des Zeugnisausstellers muß im Einzelfall bewiesen werden.

3. Für Beauftragte

Der Arbeitgeber haftet für die mit der Erteilung von Zeugnissen beauftragten Personen gemäß § 278 BGB wie für eigenes Verschulden, soweit es sich um falsche Handlungsweisen gegenüber dem Arbeitnehmer, dem das Zeugnis geschuldet wird, handelt bzw. soweit die Vertragshaftung Dritten gegenüber begründet ist. Soweit nach Deliktsrecht gehaftet wird, kann sich der Arbeitgeber nach § 831 BGB eventuell entlasten.

Inwieweit die Vorgesetzten, die eine Beurteilung des Zeugnisempfängers leichtfertig oder gar wider besseres Wissen falsch vorgenommen hatten (aus unsachlichen Gründen oder um ihn zu schützen), so daß der Arbeitgeber, von einem Dritten in Anspruch genommen, Schadensersatz hat leisten müssen, regreßpflichtig gemacht werden können, muß hier dahingestellt bleiben.

---

7 Urteil vom 24. 11. 1982 – 9 U 87/80.
8 Urteil vom 15. 5. 1979, BB 1980 S. 779.

XI. Mitbestimmung

Während der Dauer eines Arbeitsverhältnisses hat der Betriebsrat die allgemeine Aufgabe, u. a. darüber zu wachen, daß zugunsten der Arbeitnehmer geltende Gesetze durchgeführt werden (§ 80 Abs. 1 Ziff. 1 BetrVG). Da der Anspruch auf ein Zeugnis grundsätzlich erst „bei Beendigung" („beim Abgang") des Arbeitsverhältnisses geltend gemacht werden kann, entfällt eigentlich eine Zuständigkeit des Betriebsrats, in dieser Frage tätig zu werden.

Wie aber bereits hervorgehoben (vgl. Kapitel IV. 1), kann der Wunsch, ein Zeugnis zu erhalten, bereits zu einem früheren Zeitpunkt hervortreten, überwiegend anläßlich der Kündigung des Arbeitsverhältnisses. Zu diesem Zeitpunkt ist der Antragsteller noch Betriebsangehöriger; für ihn kann der Betriebsrat tätig werden, wenn der Arbeitgeber dem Antrag nicht oder nicht zeitgerecht stattgibt.

Auch kann sich der Arbeitnehmer – neben seinem Beschwerderecht gemäß § 84 BetrVG – unmittelbar an den Betriebsrat wenden. Dieser muß nach § 85 Abs. 1 BetrVG solche Beschwerden entgegennehmen und sie auf ihre Berechtigung prüfen. Hält der Betriebsrat eine solche Beschwerde für berechtigt, so hat er beim Arbeitgeber auf Abhilfe hinzuwirken.

Ein solcher Beschwerdeweg ist auch bei dem Wunsch auf Erteilung einer Bescheinigung (vgl. Abschnitt A) gegeben.

Doch fällt der Inhalt von Zeugnissen (und Bescheinigungen) nicht unter das Mitbestimmungsrecht; der Betriebsrat kann keinen Einfluß auf Formulierungen nehmen, auch dann nicht, wenn ein während der Dauer des Arbeitsverhältnisses erstelltes Zeugnis nicht den Vorstellungen des Empfängers entspricht und er sich dieserhalb beschwerdeführend an den Betriebsrat wendet. Denn Formulierungen sind ausschließlich Sache des Arbeitgebers[1]; sie können nicht Gegenstand von Auseinandersetzungen mit dem Betriebsrat werden. Der Komplex der Mitbestimmung in personellen Angelegenheiten ist in §§ 92 bis 105 BetrVG erschöpfend behandelt; dies gilt insbesondere für die ausführliche Regelung in § 102 BetrVG bei Kündigungen durch den Arbeitgeber. Der Zeugnisempfänger kann sich nur an das Gericht wenden, wenn er mit dem Inhalt des erteilten Zeugnisses nicht einverstanden ist.

---

1 *BAG*, 29. 7. 1971 S. 1280, wenn auch nur hinsichtlich eines Mitspracherechts des Zeugnisempfängers hervorgehoben; doch handelt es sich um einen allgemeinen Rechtssatz.

Ist das Arbeitsverhältnis beendet, entfallen ohnehin Mitbestimmungsmöglichkeiten; der Betriebsrat hat keine Legitimation, für Ausgeschiedene in irgendeiner Form tätig zu werden; eine nachwirkende Fürsorgepflicht, wie beim Arbeitgeber, hat der Betriebsrat nicht. Gleiches gilt für die Beteiligung der Personalvertretung im öffentlichen Dienst.

Lediglich bei der Aufstellung von *Beurteilungsgrundsätzen,* die mit der Festsetzung von Beurteilungsmerkmalen Grundlage eines Zeugnisses sein können, besteht ein Mitbestimmungsrecht des Betriebsrats (§ 94 Abs. 2 BetrVG) bzw. des Personalrats (§§ 75, 76 Bundespersonalvertretungsgesetz); gemäß § 30 SprAuG ist der Sprecherausschuß zu unterrichten.

XII. Auskunft

Vor der Einstellung von Arbeitnehmern, an die qualifiziertere Anforderungen gestellt werden, wird oftmals Wert darauf gelegt, vom bisherigen bzw. derzeitigen Arbeitgeber über das Zeugnis hinaus zusätzliche Informationen über die Person und Qualifikation des Bewerbers zu erhalten, vor allem wenn es um die Besetzung einer leitenden Position geht, um Mitarbeiter in Vertrauensstellung. Je unpräziser und damit erläuterungsbedürftiger die Formulierungen im qualifizierten Arbeitszeugnis sind, je eher wird um Auskunft nachgesucht, aber auch dann, wenn das Zeugnis Aussagen nicht enthält, die für die Stellenbesetzung wichtig sind bzw. wenn nur ein einfaches Zeugnis vorgelegt wird. Hinzu kommt die allgemein feststellbare Tendenz, daß negativen Aussagen im Zeugnis vorbehaltlos geglaubt, positiven Aussagen mit Mißtrauen begegnet und nachgefragt wird. Insoweit hat sich die Auskunft neben dem Zeugnis als Informationsquelle bei der Personalauswahl herausgebildet. Nachgefragt wird in der Regel nicht bei der Personalabteilung, sondern bei dem Vorgesetzten, der mit dem Bewerber unmittelbar zusammengearbeitet hatte, da dessen Informationen aus „erster Hand“ und „ungeschminkter“ sind.

Die Zulässigkeit solcher Auskünfte ist gesetzlich nicht geregelt. Es ist daher auf die allgemeinen Grundsätze des Arbeitsrechts (nachwirkende Fürsorgepflicht, Grundsatz der Vertraulichkeit personenbezogener Daten) und auf das Zeugnisrecht zurückzugreifen – die Auskunft soll das Zeugnis erläutern, notfalls ergänzen[1] bzw. (falls kein Zeugnis erteilt ist) es ersetzen.

1 *Schröder,* DB 1959 S. 1371.

Es kollidieren hierbei die Interessen des Arbeitnehmers (Datenschutz, allgemeines Persönlichkeitsrecht in Verbindung mit dem mit Drittwirkung ausgestatteten Grundrecht auf „informationelle Selbstbestimmung“[2] und das insoweit einheitliche Zeugnisrecht, nach dem es die alleinige Entscheidung des Arbeitnehmers ist, ob er Angaben zwecks Vorlage bei Dritten wünscht) mit dem berechtigten Interesse des Arbeitgebers an der Information über die Person des Bewerbers – diese beiderseitigen Interessen sind gegeneinander *abzuwägen*[3].

Allerdings wird angenommen, daß sich Zeugnis und Auskunft insoweit erheblich unterscheiden würden, als sich eine Auskunft freier gestalten lasse als ein Zeugnis; angesichts des vertraulichen Charakters einer Auskunft könnten auch Umstände mitgeteilt werden, die im Zeugnis wegen der wohlwollenden Formulierung unterblieben – die Auskunft dürfe ungünstige Bemerkungen über Leistung und Führung des Arbeitnehmers sowie Angaben über den Grund seines Ausscheidens enthalten; denn die Auskunft solle die nächstfolgenden Arbeitgeber, bei denen sich der Arbeitnehmer bewerbe, in ein genaueres Bild setzen, als es ein Zeugnis geben könne, während das Zeugnis für den Arbeitnehmer auf Lebenszeit maßgeblich sei[4]. Besonders in Zeiten schlechter Arbeitsmarktlage ist eine solche Auskunft jedoch geeignet, die einzige/letzte Berufs-Chance zunichte zu machen, und sie kann somit doch auf Lebenszeit maßgeblich sein. Im übrigen sind diese Differenzierungen zwischen Auskunft und Zeugnis nicht gerechtfertigt; der gesetzlich überhaupt nicht geregelten Auskunft kann inhaltlich nicht ein größerer Spielraum eingeräumt werden als dem Zeugnis. Es darf daher nur die Auskunft gegeben werden, die auch im Zeugnis hätte formuliert werden dürfen.

Jedoch ist für den Arbeitnehmer die Erteilung der Auskunft und deren Inhalt in der Regel nicht kontrollierbar, da Auskünfte überwiegend mündlich/telefonisch erbeten und erteilt werden; es gibt viele zwischenbetriebliche Beziehungen, auch unter Wettbewerbern, über die entsprechende Hinweise ausgetauscht werden, der Bewerber erfährt davon nichts[5]. Der Inhalt solcher vertraulichen Auskünfte ist aber im Mitbestimmungsverfahren nach § 99 Abs. 1 BetrVG nicht verwertbar, wenn er nicht zu den Bewerbungsunterlagen genommen wird.

---

2 Vgl. *BVerfG,* 15. 12. 1983, NJW 1984 S. 419.

3 *BAG,* 6. 6. 1984, BB 1984, S. 2130.

4 *LAG Hamburg,* 16. 8. 1984, BB 1985 S. 804; ähnlich *Schaub,* a.a.O., Anm. 1 zu § 147.

5 *Schleßmann,* BB 1972 S. 579 (580).

1. Auskunfts-Ersuchen

Das Auskunfts-Ersuchen ist *nicht zulässig,* wenn der Bewerber zu erkennen gab, daß er sich noch in einem *ungekündigten* Arbeitsverhältnis befindet; denn sein hierdurch zum Ausdruck kommendes Interesse an Diskretion und am Schutz seines gegenwärtigen Arbeitsverhältnisses überwiegt das Auskunfts-Interesse; erleidet der Arbeitnehmer durch das Ersuchen einen Schaden, so ist der um Auskunft Ersuchende schadensersatzpflichtig[6].

Sofern der Arbeitnehmer in einem *gekündigten* oder zur Zeit in keinem Arbeitsverhältnis steht, sind Auskunfts-Ersuchen auch ohne seine ausdrückliche Zustimmung zulässig; man wird bei einem Bewerber im Interesse seiner erfolgreichen Bewerbung sogar grundsätzlich dessen stillschweigende Zustimmung unterstellen können, daß sich der Arbeitgeber die für die Begründung eines neuen Arbeitsverhältnisses notwendigen Informationen beschaffen darf, die gegebenenfalls durch ein vorgelegtes Arbeitszeugnis nicht vermittelt werden.

Falls der Bewerber das Einholen von Auskünften ausdrücklich *verbietet,* so ist der Arbeitgeber hieran nicht gebunden, vielmehr berechtigt, sich die notwendigen Informationen zu beschaffen. Zwar wird die Phase der Datenerhebung, also die Beschaffung von Daten durch Auskünfte, mehr und mehr datenschutzgesetzlich erfaßt, und das Grundrecht auf „informationelle Selbstbestimmung" gewährleistet das Recht des einzelnen, grundsätzlich selbst über die Verwendung seiner persönlichen Daten zu bestimmen, aber das *BAG*[7] meint, daß das Selbstbestimmungsrecht eingeschränkt sei, „wenn der einzelne als ein in der Gemeinschaft lebender Bürger in Kommunikation mit anderen tritt. Dies gilt in besonderem Maße bei der Anbahnung eines Arbeitsverhältnisses zwischen dem Bewerber und dem Arbeitgeber. Denn der Arbeitgeber muß sich über die Person des Bewerbers unterrichten können. In einem solchen Fall sind die Interessen des Arbeitgebers an der notwendigen Information und die Grenzen des Schutzbereiches des Bewerbers gegeneinander abzuwägen, und es ist zu ermitteln, ob das allgemeine Persönlichkeitsrecht des Bewerbers den Vorrang verdient". Sofern die Informationen im unmittelbaren, engen und sachlichen Zusammenhang mit dem vorgesehenen Arbeitsverhältnis stehen, verdient das Interesse des Arbeitgebers Vorrang. Arbeitnehmer, die solche Verbote auf Auskunfts-Ersuchen erklären, können aber auch erleben, daß

6 Vgl. auch zur gesamten Problematik: *Schmid,* DB 1983 S. 769 ff.

7 *BAG,* 6. 6. 1984, BB 1984 S. 2130.

ihr Verbot zwar beachtet, ihre Bewerbung jedoch aus diesem Grunde nicht berücksichtigt wird; denn wer aus seiner beruflichen Vergangenheit ein Geheimnis macht, hat keine großen Chancen (wer nimmt schon die „Katze im Sack"?).

Das Auskunfts-Ersuchen ist nicht Teil des Personalfragebogens und bedarf daher nicht der Zustimmung des Betriebsrats nach § 94 Abs. 1 BetrVG[8]; falls aber routinemäßig, standardisiert Auskünfte erbeten und Bestandteil von Beurteilungs- oder Auswahlrichtlinien werden, ist die Beteiligung nach §§ 94 Abs. 2, 95 BetrVG (bzw. des Personalrats nach §§ 75, 76 Bundespersonalvertretungsgesetz) zu beachten[9].

2. Auskunfts-Erteilung

Ein *Verbot* der Auskunfts-Erteilung besteht, wenn der Arbeitnehmer mit seinem bisherigen Arbeitgeber verbindlich vereinbart hat, daß über ihn keine Auskünfte erteilt werden dürfen. Allerdings stellen solche Vereinbarungen eine recht unvollkommene Verbindlichkeit dar, weil sie kaum kontrollierbar sind.

In der *öffentlichen Verwaltung* sollen solche Vereinbarungen aufgrund der Amtshilfepflicht des Art. 35 GG in Verbindung mit § 306 BGB nichtig sein, wie das *BAG* im Jahre 1960 entschied[10]. Dies ist heute überholt; denn beamtenrechtlich dürfen Auskünfte (von hier nicht relevanten Ausnahmen abgesehen) nur noch mit Einwilligung des Betroffenen erteilt werden.

Der Arbeitgeber ist kraft nachwirkender Fürsorgepflicht dem Ausgeschiedenen gegenüber rechtlich *verpflichtet,* auf dessen Wunsch und in seinem Interesse Auskünfte über ihn an solche Personen zu erteilen, mit denen er in Verhandlungen über den Abschluß eines Arbeitsverhältnisses steht[11]. Auf Verlangen des Arbeitnehmers ist ihm die schriftlich erteilte Auskunft bekannt zu geben und gegebenenfalls Einsicht in den Durchschlag des Auskunfts-Schreibens zu gewähren; der Anspruch auf Einsichtnahme kann gem. § 810 BGB[12] bzw. auf Vorlage der Durchschrift an das Prozeßgericht gem. § 422 ZPO durchgesetzt werden. Im übrigen besteht keine rechtliche Verpflichtung zur Auskunftserteilung[13].

---

8 *Galperin/Löwisch,* a.a.O., Anm. 4 zu § 94.
9 *Schmid,* DB 1983 S. 769 (773).
10 *BAG,* 15. 7. 1960, BB 1960 S. 983 (Teilabdruck).
11 *LAG Berlin,* 8. 5. 1989, BB 1989 S. 1825; *BGH,* 10. 7. 1959, BB 1959 S. 919.
12 *BGH,* wie Anm. 11.
13 *Schaub,* a.a.O., § 147 Anm. 2.

Liegt weder der Wunsch noch die Zustimmung des Arbeitnehmers auf Auskunfts-Erteilung vor, ist der gegenwärtige bzw. bisherige Arbeitgeber zur Auskunft an Dritte befugt, sofern diese daran ein berechtigtes Interesse haben; ein solches Interesse liegt bei Personen vor, die beabsichtigen, diesen Arbeitnehmer bei sich einzustellen[14]. Falls z. B. im erteilten qualifizierten Zeugnis schwerwiegende Vorwürfe gegenüber dem Arbeitnehmer (umfangreiche Unterschlagungen eines Buchhalters) eindeutig zum Ausdruck gebracht wurden, um nachfolgende Arbeitgeber hinreichend deutlich zu warnen, der Arbeitnehmer dieses Zeugnis aber *nicht* vorgelegt hat, so besteht ein Recht auf Auskunfts-Erteilung[15].

Dieses Recht besteht auch dann, selbst wenn der Arbeitnehmer die Auskunfts-Erteilung nachdrücklich *nicht* wünscht; nach Meinung des *BAG* ergibt sich dieses Recht aus der Stellung von Arbeitgeber und Arbeitnehmer im Rahmen des Arbeitsverhältnisses und aus den Grundsätzen der Sozialpartnerschaft, die den Angehörigen sowohl der Arbeitgeberschaft wie der Arbeitnehmerschaft das Recht geben, andere Angehörige der gleichen Gruppe bei der Wahrung ihrer Belange zu unterstützen[16]. Wenn es auch nach dem insoweit einheitlichen Zeugnisrecht die alleinige Entscheidung des Arbeitnehmers ist, ob er eine qualifizierte Beurteilung zwecks Vorlage bei Dritten wünscht, so findet dieses Entscheidungsrecht ebenso wie die nachwirkende Fürsorgepflicht des Arbeitgebers aus dem Grundgedanken des § 826 BGB jedenfalls dann ihre Grenze, wenn Nachteile oder Schädigungen Dritter zu befürchten sind; die Belange des Bewerbers sind nicht mehr schutzwürdig im Sinne von § 24 BDSG, Auskünfte dürfen erteilt werden.

Viele Firmen machen aber heute von diesem Recht keinen Gebrauch und lehnen generell aus Datenschutzgründen eine Auskunft ohne ausdrückliche Zustimmung des Arbeitnehmers ab. Der Ablehnungsgrund sollte besonders vermerkt werden, um zu vermeiden, daß der um Auskunft Ersuchende allein hieraus falsche Schlüsse zieht; sofern ein Zeugnis erteilt, aber nicht vorgelegt wurde, sollte der andere Arbeitgeber auf das Zeugnis verwiesen werden – daher könnte das Antwortschreiben wie folgt formuliert werden:

---

14 *BAG,* 25. 10. 1957, BB 1958 S. 593 (Teilabdruck); vgl. auch *Herschel,* BB 1982 S. 2128 (2129) unter Hinweis auf § 116 des Kommissionsentwurfs eines Arbeitsgesetzbuches.

15 *ArbG Darmstadt,* 1. 7. 1976, BB 1977 S. 797 (nur Leitsatz), nahm in diesem Falle sogar eine Pflicht zur Auskunft an.

16 *BAG,* 18. 12. 1984, BB 1985 S. 590; 5. 8. 1976, BB 1977 S. 297 (Teilabdruck); 15. 7. 1960, BB 1960 S. 983 (Teilabdruck).

„Die von Ihnen erbetene Auskunft können wir aus Datenschutzgründen ohne ausdrückliche Zustimmung des Betreffenden nicht erteilen. Auf das Ihnen sicherlich vorliegende Zeugnis vom ... müssen wir daher verweisen. Wir bitten um Verständnis."

3. Inhalt und Haftung

Der *Inhalt* der Auskunft regelt sich nach den gleichen Grundsätzen wie bei der Zeugniserteilung. Die Auskunft muß wahrheitsgemäß im Sinne einer vollständigen, gerechten und nach objektiven Grundsätzen getroffenen Beurteilung sein; in ihr darf der Arbeitnehmer nicht anders beurteilt werden als im Zeugnis[17]. Es dürfen nur solche Auskünfte erbeten werden, die im unmmittelbaren, engen und sachlichen Zusammenhang mit dem vorgesehenen Arbeitsverhältnis stehen; das Auskunfts-Ersuchen unterliegt den gleichen Beschränkungen, die für das Fragerecht des Arbeitgebers bestehen – dürfen dem Bewerber bestimmte Fragen aus Gründen des Persönlichkeitsschutzes nicht gestellt werden, so dürfen solche Informationen nicht mittels Auskunft eingeholt werden[18]. Es darf, wie einleitend ausgeführt wurde, nur die Auskunft erteilt werden, die auch im Zeugnis hätte formuliert werden dürfen. Die Auskünfte betreffen nur Leistung und Führung des Arbeitnehmers während des Arbeitsverhältnisses; weitergehende Informationen, wie z. B. die Einsichtnahme in den Arbeitsvertrag, sind vom Auskunftsrecht nicht gedeckt[19].

Die *Haftung* richtet sich nach den gleichen Grundsätzen wie bei der Zeugniserteilung. Unrichtige Auskünfte können Schadensersatzansprüche in Höhe des beim neuen Arbeitgeber entgangenen Verdienstes begründen, wenn aufgrund der Auskunft von der Einstellung Abstand genommen wurde; in solchen Fällen muß der Arbeitnehmer jedoch beweisen, daß der Arbeitgeber bereit gewesen wäre, ihn einzustellen und sich dann aber wegen der (unrichtigen) Auskunft davon habe abhalten lassen[20]. Es mag für den Arbeitnehmer schwierig sein, diesen Kausalzusammenhang darzulegen und notfalls zu beweisen; aber es gibt keinen allgemeinen Erfahrungssatz, der die Grundlage auch nur für eine tatsächliche Vermutung in der Richtung bieten könnte, daß die Erfolglosigkeit einer Bewerbung oder auch einer Vielzahl von Bewerbungen um einen neuen Arbeitsplatz auf einer negativen Auskunft beruhen müßte – dem Arbeitnehmer

17 *LAG Hamburg,* 16. 8. 1984, BB 1985 S. 804.

18 Vgl. *Gola/Hümmerich,* Personaldatenrecht im Arbeitsverhältnis, Sonderveröffentlichung des Betriebs-Beraters 1985 S. 17; *Wohlgemuth,* BB 1980 S. 1530 (1532).

19 *BAG,* 18. 12. 1984, BB 1985 S. 590.

20 *LAG Frankfurt,* 20. 12. 1979, BB 1980 S. 1160; *LAG Hamburg,* wie Anm. 17.

kommen jedoch die Beweiserleichterungen des § 252 Satz 2 BGB, § 287 ZPO zugute[21] (s. hierzu Kap. X. 1).

Bestand eine Pflicht zur Auskunftserteilung, und wird sie nicht rechtzeitig erteilt, so haftet der Arbeitgeber für den Schaden nach § 286 BGB.

Neben der Geltendmachung von Schadensersatzansprüchen kann der Arbeitnehmer auf Beseitigung der Beeinträchtigung (in der Regel durch Widerruf der Auskunft), bei Wiederholungsgefahr auf Unterlassung gemäß § 1004 BGB klagen. Zuständig für solche Rechtsstreitigkeiten ist das Arbeitsgericht (§ 2 Abs. 1 Nr. 3c ArbGG) bzw. bei leitenden Angestellten das ordentliche Gericht.

---

21 *LAG Berlin,* 8. 5. 1989, BB 1989 S. 1825.

C. Anhang: Zeugnis-Muster

Vorbemerkung

Im folgenden werden insgesamt 30 Muster als Formulierungsvorschläge für alle Zeugnisarten zur Verfügung gestellt. Zu beachten ist aber, daß diese Muster häufig nicht für den konkreten Einzelfall passen, da Leistung und Führung des einzelnen so vielgestaltig sind, daß man der Beurteilung mit Formulierungsschablonen nicht gerecht werden kann. Auch die folgenden Muster können daher stets nur einen Anhalt geben.

Sinnvoll ist allein, notenmäßig abgestufte Formulierungen als Bausteine zu verwenden und sie im Einzelfall zusammenzusetzen (vgl. Kap. B VII 5).

Von den folgenden 30 Mustern sind 8 mit „Vorbehalten". Es muß aber davor gewarnt werden, negative Formulierungen aus Mustern „blindlings" zu übernehmen, da stets die Besonderheiten des Einzelfalles zu berücksichtigen sind.

Bei den folgenden Mustern ist der Firmenbogen weggelassen; die jeweils in Klammern vorangestellten Ziffern dienen der Gliederung und brauchen im Zeugnis nicht übernommen zu werden.

I. Zeugnisse bei kurzfristiger Tätigkeit

1a. Einfaches Zeugnis

Zeugnis

(1) Herr Fritz Anton, geb. am 11. 1. 1951 in Berlin, war ab 1. August 1989 in unserer Gießerei als Hilfsarbeiter beschäftigt.

(2) Herr Anton verläßt unsere Firma zum 30. März ds. Js. auf eigenen Wunsch.

(3) Wir wünschen ihm für die Zukunft alles Gute.

Karlsruhe, den 30. 3. 1990

(Unterschrift)

1b. Qualifiziertes Zeugnis

Zeugnis

(1) Herr Fritz Anton, geb. am 11. 1. 1951 in Berlin, war ab 1. August 1989 in unserer Gießerei als Hilfsarbeiter beschäftigt.

(2) Wir waren mit seinen Leistungen sehr zufrieden; sein Verhalten im Betrieb war ohne Tadel.

(3) Herr Anton verläßt unsere Firma zum 30. März ds. Js. auf eigenen Wunsch.

(4) Wir wünschen ihm für die Zukunft alles Gute.

Karlsruhe, den 30. 3. 1990

(Unterschrift)

2. Zeugnis bei Ausscheiden nach Probezeit

Zeugnis

(1) Herr Alfred Buch, geb. am 3. 2. 1960 in Aachen, wurde am 1. Oktober 1989 als Buchhalter in unserer Finanzabteilung eingestellt.

(2) Ihm war nach kurzer Einarbeitung das selbständige Sachgebiet „Kontokorrent-Buchhaltung“ übertragen.

(3) Herr Buch teilte uns mit, daß er mit Ablauf der vereinbarten Probezeit ausscheiden wolle, da ihm das Klima in unserer Höhenlage nicht zusage.

(4) Wir bestätigen ihm gerne, daß wir das Arbeitsverhältnis über die Probezeit hinaus fortgesetzt hätten und wünschen ihm für die Zukunft alles Gute.

Furtwangen (Schwarzwald), den 30. 3. 1990

(Unterschrift)

3. Qualifiziertes Zeugnis für Werkstudenten

Zeugnis

(1) Herr stud. rer. pol. Fritz Berg, geb. am 1. 2. 1966 in Freiburg (Breisgau), war vom 15. Juli bis 15. Oktober ds. Js. (Semesterferien) in unserer kaufmännischen Abteilung, Gruppe Betriebsabrechnung,

tätig, wobei ihm nach kurzer informatorischer Einführung einfachere Arbeiten zur selbständigen Erledigung übertragen werden konnten.

(2) Wir waren mit seinen Leistungen sehr zufrieden; seine Führung war ohne Tadel.

(3) Er verläßt uns vereinbarungsgemäß, um sein Studium fortzusetzen.

(4) Wir wünschen ihm für den weiteren Verlauf seines Studiums viel Erfolg.

Karlsruhe, den 15. 10. 1990

(Unterschrift)

4. Zeugnis für Praktikanten

Zeugnis

(1) Herr Karl Schwarz, geb. am 13. 2. 1968 in Fulda, war zur Ableistung eines Praktikums zum Studium der Betriebswirtschaft vom 1. April bis 28. September ds. Js. bei uns beschäftigt.

(2) Er war zunächst 2 Monate in der Lohnbuchhaltung, 2 Monate in unserer betriebswirtschaftlichen Abteilung und je einen Monat in der Finanz- bzw. Lagerbuchhaltung. Nach jeweils kurzer Information wurde er als Sachbearbeiter eingesetzt.

(3) Er hatte sich sehr schnell eingearbeitet, und er brachte gute Leistungen. Arbeitseifer und Pünktlichkeit und seine vorbildliche Einfügung in die betriebliche Ordnung müssen besonders hervorgehoben werden.

(4) Im Umgang mit Mitarbeitern und Vorgesetzten bewies er großes Taktgefühl.

(5) Das Arbeitsverhältnis endet vereinbarungsgemäß am heutigen Tage.

(6) Wir wünschen ihm für sein Studium viel Erfolg.

Karlsruhe, den 28. 9. 1990

(Unterschrift)

II. Zeugnisse in der Berufsbildung

1. Ausbildungszeugnis für einen Industriekaufmann

Ausbildungszeugnis

(1) Herr Alfons Frei, geb. am 1. 3. 1970 in München, wurde am 1. 4. 1987 als Auszubildender für das Berufsbild Industriekaufmann eingestellt. Am 15. 3. ds. Js. legte Herr Frei bei der Industrie- und Handelskammer Karlsruhe die Abschlußprüfung mit der Gesamtnote „gut" ab. Das Berufsausbildungsverhältnis endet am 31. 3. ds. Js.

(2) Herr Frei wurde berufsbezogen ausgebildet und im wesentlichen in den Abteilungen beschäftigt, in denen die solide Kenntnis betriebswirtschaftlicher Vorgänge gesichert ist. Die Mitwirkung bei Geschäftsvorgängen wichtiger Art war jeweils vorgesehen und mit Erfolg vollzogen – so im Einkauf, im Vertrieb, in allen Zweigen der Personalwirtschaft, in der Organisationsabteilung, in der Finanzabteilung und in der betriebswirtschaftlichen Abteilung, nicht zuletzt in der automatischen Datenverarbeitung.

(3) Neben der gründlichen Fachausbildung wurde Wert auf Kenntnisse in der Wirtschaftslehre gelegt. Betriebliche Fortbildungsmaßnahmen einschließlich Sprachkurse dienten der Erweiterung der Allgemeinbildung. Herr Frei hat von allem eifrig Gebrauch gemacht.

(4) Herr Frei zeigte reges Interesse an seiner Ausbildung und an den Aufgaben sowie Tätigkeiten seines Berufs. Dank seiner raschen Auffassungsgabe und großen Fleißes konnte er sich gute berufliche Kenntnisse und Fertigkeiten aneignen. Er erledigte die ihm gestellten Aufgaben sorgfältig, zuverlässig und verantwortungsbewußt. Sowohl in der praktischen Tätigkeit wie auch in der Theorie besitzt er überdurchschnittliche Kenntnisse und Fähigkeiten.

Er hat sein Berichtsheft sehr sorgfältig geführt und am Berufsschulunterricht als aufmerksamer Auszubildender regelmäßig teilgenommen.

(5) Herr Frei war wegen seines freundlichen Wesens bei den Ausbildern, unseren Mitarbeitern und den anderen Auszubildenden gleichermaßen beliebt.

(6) Herr Frei wird mit Wirkung vom 1. 4. ds. Js. in das Angestelltenverhältnis übernommen und seinem Wunsche entsprechend zunächst in der Einkaufsabteilung eingesetzt.

Karlsruhe, den 1. 4. 1990

(Unterschrift)

2. Ausbildungszeugnis für eine Bürogehilfin

Ausbildungszeugnis

(1) Frau Dorothea Lehmann, geb. am 15. 2. 1971 in Karlsruhe, kam am 1. 4. 1988 nach bestem Eignungstest zu uns, um als Auszubildende für das Berufsbild Bürogehilfin in unsere Dienste zu treten.

(2) Frau Lehmann wurde im Zuge ihrer Berufsausbildung in verschiedenen Zweigen unseres Werkes, so in den Abteilungen Einkauf, Vertrieb, Lohnbuchhaltung, Versand, Export, Werbung und Kundendienst, mit Schreib- und Registraturarbeiten beschäftigt und eingehend unterwiesen.

(3) Am Berufsschulunterricht nahm sie als aufmerksame Schülerin regelmäßig teil. Ebenso beteiligte sie sich an allen betrieblichen Fortbildungsmaßnahmen mit bestem Erfolg.

(4) Frau Lehmann hat von der ihr gebotenen Möglichkeit, sich mit allen Arbeiten vertraut zu machen, regen Gebrauch gemacht. Sie hat eine rasche Auffassungsgabe, zeigte großes Interesse an den ihr übertragenen, büromäßigen Aufgaben im kaufmännischen Bereich, die sie sorgfältig, zuverlässig und zügig erledigte.

(5) Sie war wegen ihres freundlichen Wesens bei ihren Kolleginnen und Ausbildern gleichermaßen anerkannt und beliebt.

(6) Am 17. März ds. Js. legte Frau Lehmann bei der Industrie- und Handelskammer Karlsruhe die Bürogehilfinnen-Prüfung mit der Gesamtnote „gut“ ab. Die Ausbildungszeit endete am 31. März ds. Js.

Sie wird mit Wirkung vom 1. 4. ds. Js. in das Angestellten-Verhältnis übernommen, wobei sie ihrem Wunsche entsprechend zunächst in der Werbeabteilung eingesetzt wird.

Karlsruhe, den 1. 4. 1990

(Unterschrift)

3. Zeugnis für eine Ausbilderin

Zeugnis

(1) Frau Irma Klein, geborene Maier, geb. am 17. 3. 1944 in Berlin, ist am 1. 4. 1971 als technische Zeichnerin für unsere Konstruktionsabteilung Wecker-Uhren zu uns gekommen.

(2) Schon im Jahre 1972 konnte sie als Teilkonstrukteurin, ab 1. 7. 1973 als Konstrukteurin für Uhrenfedern eingesetzt werden. Bald zeigte sich, daß sie ein besonderes Geschick bei der Anleitung von Nachwuchskräften besaß. Zuerst war sie mit den in den Konstruktionsabteilungen eingesetzten Auszubildenden für technisches Zeichnen beschäftigt, bis sich die Technische Abteilung dazu entschloß, eine eigene Abteilung zur gründlichen Ausbildung der künftigen technischen Zeichner einzurichten und Frau Klein ab 1. 1. 1975 hauptamtlich mit der Leitung zu beauftragen.

(3) Frau Klein ist eine selbständige Persönlichkeit, die ihren Standpunkt auch gegenüber Vorgesetzten vertritt, doch stets in angemessener Weise. Sie ist charakterlich vorbildlich, in der Betriebsgemeinschaft wohl angesehen und eine vortreffliche Ausbilderin, was auch in den guten Noten, die ihre Auszubildenden in der Abschlußprüfung erhalten haben, zum Ausdruck kommt.

(4) Frau Klein teilte uns mit, daß sie zum Ende des Jahres 1989 ausscheiden möchte, um sich ganz ihrer Familie widmen zu können.

(5) Wir bedauern diesen Entschluß, haben aber hierfür Verständnis; wir danken ihr für die geleistete Arbeit und wünschen ihr für die Zukunft alles Gute. Falls es später ihre Familienverhältnisse erlauben, sind wir gerne bereit, mit ihr über ihre bisherige Tätigkeit (vielleicht als Teilzeitbeschäftigte) eine neue Vereinbarung zu treffen.

Furtwangen (Schwarzwald), den 5. 1. 1990

(Unterschrift)

III. Zwischenzeugnisse

1. Einfaches Zwischenzeugnis für leitenden Angestellten

Zwischenzeugnis

(1) Herr Assessor, Dr. jur. Fritz Holzapfel, geb. am 2. 6. 1936 in Saarbrücken, trat zum 1. 10. 1967 in unsere Rechtsabteilung ein. Zum 1. 7. 1968 wurde er Stellvertreter unseres Justitiars. Als dieser in den Ruhestand trat, übernahm Herr Holzapfel die Leitung dieses Ressorts zum 1. 7. 1970. Ihm wurde zum 1. 2. 1971 Gesamtprokura erteilt.

(2) Zum Aufgabenbereich der Rechtsabteilung gehören neben allen zivilrechtlichen Angelegenheiten Wettbewerbs- und Lizenzfragen, Arbeits- und Betriebsverfassungsrecht sowie die Rechtsbeziehungen unserer in- und ausländischen Niederlassungen.

(3) Als 1980 die Stelle der Personalleitung in unserer Belegschaft mit über 12 000 Arbeitnehmern vakant wurde, übernahm er auch diese Funktion, die nach dem Eindringen der Elektronik in Entwicklung, Fertigung und Vertrieb besondere Probleme schuf. Es ging dabei um möglichst reibungslose Neuorientierung in unserer Produktionspalette durch Engagements und Spezialisten in allen Stufen der genannten Bereiche.

(4) Nach Übernahme unseres Unternehmens durch die Firma Computer AG, Düsseldorf, wird die Rechts- und Personalabteilung in Düsseldorf konzentriert. Herr Dr. Holzapfel wird daher zum 1. 3. ds. Js. nach Düsseldorf versetzt, um dort die Leitung der zentralen Personalabteilung zu übernehmen.

Köln, den 1. 3. 1990

(Unterschrift)

2. Qualifiziertes Zwischenzeugnis im Rahmen betrieblicher Umschulung

Zwischenzeugnis

(1) Herr Anton *Riegler*, geb. am 1. 3. 1965 in Emmendingen/Baden, trat am 1. 4. 1982 als Auszubildender für den Berufszweig Feinmechanik in unsere Dienste. Die Ausbildung wurde am 31. 3. 1985 mit der Gesamtnote sehr gut beendet; hierüber wurde das Ausbildungszeugnis vom 1. 4. 1985 erteilt, auf das Bezug genommen wird.

(2) Herr Riegler kam sodann in unsere Betriebsabteilung Büromaschinen als Facharbeiter bei der Montage mechanischer Buchungsautomaten.

(3) Im Herbst 1988 wurde er zur Ableistung des Wehrdienstes zur Bundeswehr eingezogen. Nach seiner Rückkehr im Frühjahr 1990 bat er darum, für kaufmännische Tätigkeiten umgeschult zu werden. Wir haben diesem Wunsch Rechnung getragen und ihn zur innerbetrieblichen Umschulung der Kundendienstabteilung Büromaschinen zur Ausbildung als Kundendienstmechaniker auf die Dauer von 6 Monaten zugewiesen.

In dieser Zeit wurde er mit den verschiedenartigen Büroarbeiten, die in einer Kundendienstabteilung anfallen, vertraut gemacht, insbesondere mit Fragen der Kundendienstberatung, der Einarbeitung an unseren Erzeugnissen, der Fakturierung bei Ersatzteilbeschaffung, Führung der Kundenkartei. Herr Riegler zeigte sich sehr aufgeschlossen und war bald eine zuverlässige Stütze der Gruppenleiter dieser wichtigen Abteilung.

Da er zugleich sprach- und schriftgewandt ist, konnte er schon während der Umschulungszeit im Außendienst mit eingesetzt werden. Die Umschulung konnte zum 30. 9. ds. Js. als gelungen beendet werden.

(4) Wunschgemäß bescheinigen wir, daß Herr Riegler sehr gründlich, genau, zuverlässig und zügig gearbeitet hat; er war ausgesprochen einsatzbereit. Seine Eignung in verwaltungs- und kaufmännischen Fragen ist unverkennbar, wobei ihm seine Berufskenntnisse als Feinmechaniker sehr zustatten kamen.

(5) Seine Führung im Betrieb und im Außendienst war stets ohne jeden Tadel, sein Verhältnis zu Vorgesetzten und Mitarbeitern einwandfrei. Den Kunden gegenüber trat er sehr sicher und zuvorkommend auf.

(6) Mit dem 1. 10. ds. Js. wurde er als Angestellter übernommen.

Karlsruhe, den 1. 10. 1990

(Unterschrift)

IV. Vorläufiges und endgültiges Zeugnis

1a. Vorläufiges einfaches Zeugnis

Vorläufiges Zeugnis

(1) Herr August Müller, geb. am 1. 2. 1951 in Fulda, ist am 6. 3. 1986 als Formenbauer in unsere Dienste getreten und in unserer Druckgießerei beschäftigt.

(2) Wegen Auftragsrückgangs und damit gebotener Rationalisierung mußte auch das Arbeitsverhältnis des Herrn Müller fristgerecht zum 30. Juni ds. Js. gekündigt werden. Da die Formerei geschlossen wird, ist für Herrn Müller ein anderweitiger Einsatz als Formenbauer in unserem Unternehmen nicht möglich.

Karlsruhe, den 2. 4. 1990

(Unterschrift)

1b. Endgültiges qualifiziertes Zeugnis

Zeugnis

(1) Herr August Müller, geb. am 1. 2. 1951 in Fulda, ist am 6. 3. 1986 als Formenbauer in unsere Dienste getreten und war in unserer Druckgießerei beschäftigt.

(2) Herr Müller ist ein zuverlässiger und geschickter Facharbeiter. Er arbeitet äußerst gründlich, genau, zuverlässig und fehlerfrei.

(3) Er paßte sich gut in die Betriebsgemeinschaft ein und war ein allseits geschätzter Mitarbeiter.

(4) Wegen Auftragsrückgangs und damit gebotener Rationalisierung mußte auch das Arbeitsverhältnis des Herrn Müller fristgerecht zum 30. 6. ds. Js. gekündigt werden. Da die Formerei geschlossen werden mußte, war für Herrn Müller ein anderweitiger Einsatz als Formenbauer in unserem Unternehmen nicht möglich. Das Arbeitsverhältnis endet heute.

(5) Wir danken Herrn Müller für die geleisteten Dienste, bedauern die Notwendigkeit unserer Kündigung und wünschen ihm für die berufliche Zukunft alles Gute.

Karlsruhe, den 30. 6. 1990

(Unterschrift)

V. Zeugnisse bei längerer Betriebszugehörigkeit

1. Qualifiziertes Zeugnis für Arbeiter

Zeugnis

(1) Herr Christian Maier, geb. am 27. 3. 1931 in Bochum, trat am 1. 4. 1947 als Bergknappe der Zeche „Friedrichsglück" in unsere Dienste. Er war zunächst in der Kohlenwäsche und in der Lampenkaue, mit Vollendung des 17. Lebensjahres im Lehrstollen unter Tage, mit Vollendung des 19. Lebensjahres zwei Jahre lang als Gedingeschlepper tätig. Danach war er Lehrhauer vor Ort und nach erfolgreicher Ablegung der Hauerprüfung Gesteinshauer; er hatte die Schießberechtigung. Wegen Gesteinsstaubbeschwerden wurde er vom Januar 1977 an als Reparaturhauer, seit dem 1. 10. 1980 als Kauenwärter beschäftigt.

(2) Herr Maier, der seine Invalidisierung betreibt, wünscht am 31. 3. ds. Js. auszuscheiden.

(3) Wir bestätigen ihm gerne, daß er ein Bergmann von altem Schrot und Korn war. Mit allen bergmännischen Arbeiten vertraut, hat er stets zufriedenstellende Leistungen vollbracht. Wohin er auch immer gestellt war, konnte man sich auf ihn verlassen.

(4) Sein ruhiges Wesen sicherte ihm ein stets gutes Verhältnis zu Vorgesetzten und Mitarbeitern. Seinen jüngeren Kameraden war er stets ein gutes Vorbild, vor allem auch als Mitglied des Grubenrettungsdienstes, der Freiwilligen Grubenfeuerwehr und des Roten Kreuzes.

(5) Wir danken für seine treuen Dienste, die er für uns geleistet hat, bedauern sein Ausscheiden und wünschen ihm, daß er noch lange den wohlverdienten Lebensabend genießen kann.

Bochum, den 31. 3. 1990

(Unterschrift)

2 a. Einfaches Zeugnis für Angestellte

Zeugnis

(1) Frau Alwine Christ, geb. am 2. 3. 1943 in Ulm, trat am 1. 4. 1961 nach erfolgreichem Besuch der Oberschule in Ulm als kaufmännischer Lehrling in unsere Dienste. Die Lehrabschlußprüfung bestand sie nach abgekürzter Lehrzeit im Frühjahr 1963 (vgl. Lehrzeugnis vom 30. 3. 1963) und wurde zum 1. 4. 1963 als kaufmännische Kraft in unserer Personalabteilung für Angestellte beschäftigt.

(2) Sie war zunächst Stenotypistin, wobei sie Schreiben nach Diktat und nach Stichworten zu erledigen sowie für ordnungsmäßige Führung der General- und der Personalakten für Auszubildende zu sorgen hatte. Nach und nach wurde sie zu weiteren Arbeiten herangezogen, so zur Sichtung von Bewerbungen, zur büromäßigen Erledigung der damit verbundenen Vorarbeiten (Aufnahme in Listen, Anfordern von vielen Unterlagen, Zurücksenden abgelehnter Bewerbungen und Unterrichtung der Fachabteilungen), zu vertraulichen Statistiken, zur Karteiführung und Fehlzeitkontrollen.

(3) Um ihre schwerkranke Mutter pflegen zu können, hat Frau Christ fristgerecht gekündigt; sie scheidet mit dem heutigen Tage aus.

(4) Wir danken für die geleisteten Dienste und bedauern ihr Ausscheiden, haben aber großes Verständnis für ihren Kündigungsgrund.

Karlsruhe, den 31. 3. 1990

(Unterschrift)

2 b. Qualifiziertes Zeugnis für Angestellte

Zeugnis

(1) Frau Alwine Christ, geb. am 2. 3. 1943 in Ulm, trat am 1. 4. 1961 nach erfolgreichem Besuch der Oberschule in Ulm als kaufmännischer Lehrling in unsere Dienste. Die Lehrabschlußprüfung bestand sie nach abgekürzter Lehrzeit im Frühjahr 1963 (vgl. Lehrzeugnis vom 30. 3. 1963) und wurde zum 1. 4. 1963 als kaufmännische Kraft in unserer Personalabteilung für Angestellte beschäftigt.

(2) Sie war zunächst Stenotypistin, wobei sie Schreiben nach Diktat und nach Stichworten zu erledigen sowie für ordnungsmäßige Führung der General- und der Personalakten für Auszubildende zu sorgen hatte. Nach und nach wurde sie zu weiteren Arbeiten herangezogen, so zur Sichtung von Bewerbungen, zur büromäßigen Erledigung der damit verbundenen Vorarbeiten (Aufnahme in Listen, Anfordern von vielen Unterlagen, Zurücksenden abgelehnter Bewerbungen und Unterrichtung der Fachabteilungen), zu vertraulichen Statistiken, zur Karteiführung und Fehlzeitkontrollen.

(3) Frau Christ ist eine außerordentlich begabte Mitarbeiterin. Sie ist eine flinke Stenographin, die beim letzten innerbetrieblichen Wettschreiben mit einem fehlerfreien Diktat mit 200 Silben den ersten Preis erhielt. Die Fertigkeit im Maschineschreiben und im Briefgestalten ist vorbildlich. Ihre Arbeitsweise war stets zuverlässig und ohne Schwächemomente. Sie ist absolut verschwiegen.

(4) Im Umgang mit anderen ist sie aufmerksam und liebenswürdig. Ihr stets freundliches Wesen machte sie bei allen beliebt. Wir verlieren in Frau Christ eine schwer ersetzbare Kraft.

(5) Um ihre schwerkranke Mutter pflegen zu können, hat Sie fristgerecht gekündigt; sie scheidet mit dem heutigen Tage aus.

(6) Wir danken für die geleistete Arbeit und bedauern ihr Ausscheiden, haben aber großes Verständnis für ihren Kündigungsgrund.

Karlsruhe, den 31. 3. 1990

(Unterschrift)

3. Einfaches Zeugnis für einen technischen Angestellten, der die Aufstiegschancen wahrgenommen hatte

Zeugnis

(1) Herr Julius Meyer, geb. am 10. 5. 1932 in Donaueschingen, kam nach seiner Lehre als Maschinenschlosser im Jahre 1951 in unser damals noch verhältnismäßig kleines Werk des Maschinenbaus in unsere Dienste. Es galt damals, Fahrzeugteile für Lastkraftwagen herzustellen, die an ein größeres Kfz.-Werk zu liefern waren.

(2) Ab 1. Oktober 1955 wurde ihm zunächst die Härterei als Meister übertragen. Nebenbei beteiligte sich Herr Meyer an allen betrieblichen Schulungsmaßnahmen und an zahlreichen Kursen, zu denen wir ihn entsenden konnten, vor allem an Seminaren für Führungskräfte. Als von der Industrie- und Handelskammer Karlsruhe die Industriemeister-Lehrgänge eingerichtet wurden, absolvierte Herr Meyer diese Einrichtung und machte das Abschlußexamen als Bester im Jahre 1957. Wir konnten dann Herrn Meyer eine größere Abteilung übertragen, zunächst die Teilefertigung und ab 1966 die Betriebsleitung unseres Werkes II in Rottweil/Neckar mit mehr als 300 Belegschaftsmitgliedern, wo Kühlaggregate für Kraftfahrzeuge hergestellt werden.

Herr Meyer leitete auch den weiteren Ausbau dieses Werkes, wobei er die Vorverhandlungen mit der Stadtverwaltung erfolgreich zum Abschluß bringen konnte, so daß mit den Erweiterungsbauten alsbald begonnen und diese im Jahre 1970 fertiggestellt werden konnten. Die Belegschaft vergrößerte sich bis zum Ende dieses Jahres auf 667 Mitarbeiter und Mitarbeiterinnen, darunter etwa ¼ Gastarbeiter.

Zu Weihnachten 1970 wurde Herr Meyer zum Betriebsdirektor ernannt und ihm Gesamtprokura für Werk II erteilt.

(3) Ein Hüftgelenkleiden verschlimmerte sich trotz regelmäßiger Heilverfahren. Deshalb bat Herr Meyer, ihn zum Jahresende 1989 aus seinem Arbeitsverhältnis zu entlassen. In der Hoffnung, daß sich sein Leiden soweit bessert, daß er uns weiterhin im Beratungsverhältnis zeitweilig zur Verfügung stehen kann, haben wir seinem Wunsch Rechnung getragen.

(4) Wir wünschen ihm gute Besserung und danken ihm für die langjährigen guten Dienste.

Karlsruhe, den 5. 1. 1990

(Unterschrift)

4. Qualifiziertes Zeugnis für einen Spezialisten

Zeugnis

(1) Herr Dr. rer. nat. Klaus Maier, geb. am 13. 2. 1952 in Karlsruhe, wurde zum 1. 10. 1980 als Leiter der Gruppe Verfahrensplanung im Rahmen des Vertriebsbereichs „Mittlere Datentechnik" eingestellt.

(2) Herr Dr. Maier ist ein hochbegabter Mathematiker. Er beherrscht die Grundlagen der Informatik und deren Umsetzung in die Praxis der sich in einem Computerwerk immer neu ergebenden Probleme für die vielfältigen Kundenwünsche. Dank seines analytischen Denkvermögens und seines erfinderischen Geistes konnte er neue Impulse für Computer-Programme geben. Als dynamischer Interpret für schwierige Kundenwünsche war er ein stetiger Initiator seiner Programmierer-Gruppe.

Er schaffte energisch, gewissenhaft und erfolgreich. Dank seines Leistungsstrebens löste er alle Terminschwierigkeiten. Die Kraft seiner Ideen wirkte befruchtend auf die Mitarbeiter und ermöglichte so eine hohe Gesamtleistung der Gruppe.

(3) Herr Dr. Maier verfügt über die Gabe, souveränes Fachwissen an seine Mitarbeiter weiterzugeben und sie mit Lösungshinweisen zu versorgen; dies geschieht in vorbildlicher Kameradschaft. Er ist ein angesehener und beliebter Vorgesetzter. Sein ausgeprägter Ordnungssinn sorgt für einen zügigen Ablauf aller Arbeiten.

(4) Herr Dr. Maier bat um kurzfristige Aufhebung des Arbeitsverhältnisses zum 30. März ds. Js., um sich als Informatik-Berater in Karlsruhe selbständig zu machen. Da wir uns seinen Plänen nicht entgegenstellen wollen und er mit uns in einem Beratungsverhältnis, das noch zu präzisieren sein wird, verbunden bleibt, sind wir mit der Beendigung des Vertragsverhältnisses einverstanden. Wir danken für die geleistete Arbeit, bedauern sein Ausscheiden und wünschen ihm für die Zukunft alles Gute.

Karlsruhe, den 30. März 1990

(Unterschrift)

VI. Zeugnisse bei Vertragsbruch

1 a. Einfaches Zeugnis

Zeugnis

(1) Herr Hans Bauer, geb. am 20. 2. 1957 in Bremen, ist am 15. 1. ds. Js. in unsere Dienste getreten. Er wurde in der Stanzerei eingesetzt. Nach kurzer Anlernzeit arbeitete er selbständig.

(2) Das Arbeitsverhältnis endet am heutigen Tage.

Karlsruhe, den 9. 4. 1990

(Unterschrift)

1 b. Qualifiziertes Zeugnis

Zeugnis

(1) Herr Hans Bauer, geb. am 20. 2. 1957 in Bremen, ist am 15. 1. ds. Js. in unsere Dienste getreten. Er wurde in der Stanzerei eingesetzt. Nach kurzer Anlernzeit arbeitete er selbständig.

(2) Herr Bauer ist ein fleißiger und strebsamer Mensch, der sich schnell mit neuen Arbeitsmethoden zurechtfindet.

(3) Er fügt sich auch gut in die Betriebsgemeinschaft ein; sein Verhalten gegenüber den Arbeitskameraden gab zu keinerlei Beanstandungen Anlaß.

(4) Das Arbeitsverhältnis endet am heutigen Tage.

Karlsruhe, den 9. 4. 1990

(Unterschrift)

VII. Zeugnisse mit Vorbehalten

1. Vorbehalt hinsichtlich der Leistungen

Beispiel 1

Zeugnis

(1) Herr Maschinen-Ing. Volker Klein, geb. am 17. 3. 1955 in Göttingen, war seit 1. 4. 1988 in unseren Diensten. Zunächst war er drei Monate lang zur Einarbeitung in unserer Planungsabteilung für Karosseriebau tätig, um dann entsprechend der seinerzeitigen Stellenausschreibung und seiner Bewerbung in der Konstruktionsabteilung Omnibus-Karosserien als Konstrukteur für Neuentwicklungen eingesetzt zu werden.

(2) Herr Klein bemühte sich, den gewiß hohen Anforderungen, die wir an ihn entsprechend seiner Vorbildung, Erfahrung und Eingruppierung (Tarifgruppe T 5) stellen zu können glaubten, gerecht zu werden. Er ist sicherlich gewissenhaft und von ehrlichem Bemühen erfüllt, die gestellten Aufgaben innerhalb der gebotenen Fristen zu erfüllen.

(3) Sein Verhalten innerhalb der Betriebsgemeinschaft war vorbildlich. Er war wegen seines aufgeschlossenen Wesens, seiner steten Hilfsbereitschaft und seiner charakterlichen Integrität ein angesehener Mitarbeiter.

(4) Da Herr Klein eine anderweitige Verwendung in vergleichbarer Stellung ablehnte, erklärten wir uns mit dem von ihm zum Monatsbeginn vorgebrachten Wunsch einverstanden, das Arbeitsverhältnis zum Monatsende zu lösen.

(5) Wir wünschen ihm für die berufliche Zukunft alles Gute.

Karlsruhe, den 30. 3. 1990

(Unterschrift)

Beispiel 2

Zeugnis

(1) Herr Dipl.-Ing. August Schwarze, geb. am 12. 6. 1955 in Berlin, war ab 1. 9. 1987 als Konstrukteur Mitglied einer Ingenieur-Gruppe im Entwicklungsbereich elektronische Bauteile für unsere Computer-Produktion tätig.

(2) Herr Schwarze verfügt über ausgezeichnete Fachkenntnisse auf dem Gebiet der Elektrotechnik und der Elektronik. Seine gründliche und genaue Arbeitsweise sowie sein Fleiß sind lobenswert. Hierbei gelingt es ihm aber nicht immer, seine ihm zugewiesenen Teilarbeiten rechtzeitig zum Abschluß zu bringen; daher konnte diese Ingenieur-Gruppe ihre Entwicklungsaufträge öfters nicht rechtzeitig ausführen. Wir sind zwecks Erhaltung unserer Marktstellung im besonderen Maße darauf angewiesen, daß Entwicklungsarbeiten innerhalb angemessener Zeit beendet werden.

(3) Sein Verhalten gegenüber Vorgesetzten war stets korrekt; er ordnete sich ohne Beanstandungen in die Betriebsgemeinschaft ein. Lediglich innerhalb seines Teams kam es wegen der Arbeitsverzögerungen zu zeitweiligen Mißstimmungen.

(4) Das Arbeitsverhältnis endet zum 31. 3. ds. Js.

(5) Wir wünschen Herrn Schwarze für die Zukunft alles Gute.

Karlsruhe, den 1. 4. 1990

(Unterschrift)

2. Vorbehalt hinsichtlich Verhaltens

Beispiel 1

Zeugnis

(1) Herr Maschinen-Ing. Volker Klein, geb. am 17. 3. 1955 in Göttingen, war ab 1. 4. 1986 als Konstrukteur in unseren Diensten. Zunächst war er 3 Monate lang zur Einarbeitung in unserer Planungsabteilung für Karosseriebau tätig, um dann entsprechend der seinerzeitigen Stellenausschreibung und seiner Bewerbung in der Konstruktionsabteilung Omnibus-Karosserien als Konstrukteur für Neuentwicklungen eingesetzt zu werden.

(2) Herr Klein ist ein außerordentlich begabter Konstrukteur, der mit großem Fleiß die ihm gestellten Aufgaben zuverlässig, gewissenhaft, fehlerfrei und zügig löste. Seine Ideen sind konstruktiv und führen zu neuartigen Lösungen bemerkenswerter Art.

(3) Sein Verhalten im Rahmen der betrieblichen Ordnung war ohne jede Beanstandung. Indes ist er im Umgang mit Vorgesetzten ein etwas schwieriger Mensch; sicherlich nur aus Besessenheit von seinen konstruktiven Vorstellungen sperrte er sich gegen die Arbeits- und Entwicklungsmethoden, die in unserem Hause üblich und

erprobt sind. Dadurch war die erfolgversprechende Zusammenarbeit in seiner Konstruktionsabteilung nicht gesichert.

(4) Herr Klein kündigte fristgerecht zum 30. 3. ds. Js.

(5) Wir danken für die geleistete Arbeit und wünschen ihm für die Zukunft alles Gute.

Karlsruhe, den 30. 3. 1990

(Unterschrift)

Beispiel 2

Zeugnis

(1) Herr Johann Wünsche, geb. am 18. 1. 1959 in Düsseldorf, war seit 1. 7. 1986 zuletzt als Kontaktkaufmann in unserer Verkaufsabteilung, Gruppe Schreibmaschinen tätig.

(2) Nach ausreichender Ausbildung in unserem Verkaufsprogramm wurde er zunächst im Innendienst beschäftigt, wo er Gelegenheit hatte, sich mit unseren Verkaufsmethoden vertraut zu machen.

(3) Dank seiner Veranlagung als gewandter Verkäufer, seiner Intelligenz – die Prüfung als Industriekaufmann hatte er mit Auszeichnung bestanden – und seiner guten Umgangsformen wurde er als Kontaktkaufmann für unsere Händlerschaft im Ruhrgebiet eingesetzt. Er trat sehr sicher und taktvoll auf.

(4) Sein Verhalten gegenüber Vorgesetzten war nicht zu beanstanden. Im Kontakt mit anderen Mitarbeitern wurde die kollegiale Wärme vermißt; auch kam es gelegentlich zu vermeidbaren Reibereien mit anderen Angestellten, die das Betriebsklima nachteilig beeinflußten. Seine überdurchschnittlichen geistigen Gaben sichern ihm nach weiterer Vertiefung und Festigung seiner charakterlichen Qualitäten eine erfolgreiche Entwicklung.

(5) Herr Wünsche zog nun selbst die Konsequenzen und kündigte fristgerecht das Arbeitsverhältnis zum 30. 3. ds. Js.

(6) Wir wünschen ihm für seine berufliche Zukunft alles Gute.

Frankfurt a. M., den 30. 3. 1990

(Unterschrift)

3. Vorbehalt gesundheitlicher Art

Beispiel 1 (Epilepsie)

Zeugnis

(1) Herr Maschinen-Ing. Volker Klein, geb. am 15. 3. 1955 in Göttingen, war ab 1. 4. 1988 als Konstrukteur in unseren Diensten. Zunächst war er 3 Monate lang zur Einarbeitung in unserer Planungsabteilung für Karosseriebau tätig, um dann entsprechend der betriebsinternen Stellenausschreibung und seiner erfolgreichen Bewerbung in der Konstruktionsabteilung Omnibus-Karosserie als Konstrukteur für Neuentwicklungen eingesetzt zu werden.

(2) Er ist kenntnisreich, fachkundig, fleißig und zuverlässig. Im Rahmen unserer Betriebsgemeinschaft war er ein angenehmer und beliebter Mitarbeiter.

(3) Doch stellten sich gesundheitliche Schwächen ein, die bei der Einstellungsuntersuchung nicht erkennbar waren. Da die schubartig auftretenden Anfälle (Epilepsie) mit einer Unfallgefahr für ihn selbst verbunden sind, gaben wir ihm den dringenden Rat, sich alsbald in spezialärztliche Behandlung zu begeben. Wir halten es zu unserem Bedauern nicht für vertretbar, das Arbeitsverhältnis mit Herrn Klein fortzusetzen. Der Entschluß ist uns schwergefallen, doch können wir die Verantwortung für seine Gesundheit und für mögliche Schädigungen anderer Betriebsangehöriger nicht länger tragen und haben das Arbeitsverhältnis unter sofortiger Beurlaubung fristgerecht zum Quartalsende gekündigt.

(4) Wir danken ihm für seine geleisteten Dienste und wünschen ihm vor allem gesundheitlich für die Zukunft alles Gute.

Karlsruhe, den 30. 3. 1990

(Unterschrift)

Beispiel 2 (Trunksucht)

Zeugnis

(1) Herr Dipl.-Ing. (FH) Franz Hiller, geb. am 13. 2. 1955 in Kassel, war ab 1. 4. 1988 in unserer Firma als Konstrukteur für Neuentwicklungen in der Abteilung Karosseriebau tätig.

(2) Er ist kenntnisreich und fachkundig; er arbeitete im allgemeinen gut mit anderen zusammen. Er gab aber des öfteren Anlaß zu Beanstandungen, weil er wiederholt unentschuldigt seiner Arbeit fernblieb.

(3) Das Arbeitsverhältnis endet zum 31. 3. d. J.

(4) Wir wünschen ihm für die Zukunft alles Gute.

Karlsruhe, den 31. 3. 1990

(Unterschrift)

VIII. Neue Form für Zeugnisse

Beispiel 1 (Muster II Nr. 3 in neuer und ausführlicher Form)

Zeugnis

Empfänger(in):	Frau Irma *Klein,* geborene Maier, geb. am 17. 3. 1944 in Berlin.
Eintritt:	Am 1. 4. 1971 als technische Zeichnerin in der Konstruktionsabteilung für Wecker-Uhren.
Weitere Tätigkeiten:	Ab 1. 4. 1972 Teile-Konstrukteurin, ab 1. 7. 1973 Konstrukteurin für Uhrenfedern. Zum 1. 1. 1975 wurde Frau Klein mit der fachlichen Betreuung der Auszubildenden als technische Zeichnerin beauftragt.
Beendigung des Arbeitsverhältnisses:	31. 12. 1989

Wir danken für die geleistete Arbeit und wünschen ihr für die Zukunft alles Gute; wir bedauern ihr Ausscheiden, haben aber Verständnis dafür, weil Frau Klein sich ganz ihrer Familie widmen möchte. Wir hoffen, sie in absehbarer Zeit wieder als Mitarbeiterin, vielleicht in Teilzeitbeschäftigung, gewinnen zu können, wenn es ihre Familienverhältnisse erlauben.

Wunschgemäß bescheinigen wir folgendes:

I. Leistungsbeurteilung:

1. Arbeitsgüte: Sie arbeitet äußerst gründlich, genau, zuverlässig und fehlerfrei.
2. Arbeitstempo: Sie arbeitet außergewöhnlich schnell und zügig.
3. Arbeitsökonomie: Sie hat organisatorisches Geschick und arbeitet sehr zielstrebig und rational.
4. Fachkenntnisse: Umfassende, vielseitige Fachkenntnisse; gediegene Kenntnisse in der Technik, vor allem in der Feinmechanik.

5. Arbeitsbereitschaft: Ausgesprochen einsatzbereit und handelt auch ohne äußeren Anstoß.
6. Ausdrucksvermögen: Formuliert klar, treffend und überzeugend.

II. Führungsbeurteilung:

1. Verantwortungsbereitschaft: Sehr verantwortungsfreudig und verantwortungsbewußt.
2. Verhalten gegenüber Vorgesetzten: Stets korrekt und loyal. Bei den leitenden Angestellten des technischen Bereichs gab es indessen gewisse Schwierigkeiten, da sie ihren fachlichen Standpunkt zu vertreten wußte. Doch resignierte sie nicht, wenn sie den Eindruck hatte, daß die Gleichberechtigung der Frau bei älteren Führungskräften noch nicht anerkannt wurde.
3. Verhalten gegenüber Gleichgeordneten: Legt auf gute Zusammenarbeit besonderen Wert. Sie hat ein ausgezeichnetes Verhältnis auch zu allen Mitarbeitern. Frau Klein ist ebenso klug wie bescheiden; für sich selbst hatte sie nie Forderungen gestellt, um so eifriger setzte sie sich für andere ein.
4. Führungsverhalten: Versteht es, Mitarbeiter und die Auszubildenden zu überzeugen, setzt sich vorbildlich durch, sie wird voll anerkannt. Dank ihrer reichen Erfahrung und fachlichen Qualifikation, verbunden mit einem hohen Grad an Gerechtigkeitssinn sowie pädagogischem Geschick, ist sie für die jüngere Generation eine ideale Vorgesetzte.

Karlsruhe, den 5. 1. 1990

(Unterschrift)

Beispiel 2 (Muster V Nr. 4 in neuer Form)

Zeugnis

Empfänger(in):	Herr Dr. rer. nat. Klaus Maier, geb. am 13. 2. 1952 in Karlsruhe
Eintritt:	1. 10. 1980 als Leiter der Gruppe Verfahrensplanung im Rahmen des Vertriebsbereiches „Mittlere Datentechnik".
Weitere Tätigkeiten:	. . . .
Beendigung des Arbeitsverhältnisses:	30. 3. 1990 aufgrund Aufhebungsvertrages vom 1. 3. ds. Js.

Wir danken für die geleistete Arbeit und bedauern sein Ausscheiden. Herr Dr. Maier will sich als Informatiker selbständig machen. Wir wünschen ihm für die berufliche Zukunft alles Gute.

Wunschgemäß bescheinigen wir folgendes:

I. Leistungsbeurteilung:

1. Arbeitsgüte: Arbeitet äußerst gründlich, genau, zuverlässig und fehlerfrei.
2. Arbeitstempo: Außergewöhnlich schnell und zügig.
3. Arbeitsökonomie: Sehr zielstrebig und rational, organisatorisch geschickt.
4. Fachkenntnisse: Umfassende, vielseitige Fachkenntnisse. Herr Dr. Maier ist ein hochqualifizierter Informatiker und Kenner der Programmprobleme in der Computerbranche.
5. Arbeitsbereitschaft: Überdurchschnittlich aktiv, ergreift selbständige Maßnahmen.
6. Ausdrucksvermögen: Formuliert klar, treffend und überzeugend.
7. Verhandlungsgeschick: Versierter und überzeugender Verhandlungspartner.

II. Führungsbeurteilung:

1. Verantwortungsbereitschaft: Sehr verantwortungsfreudig und verantwortungsbewußt.
2. Verhalten gegenüber Vorgesetzten: Stets korrekt und loyal.
3. Verhalten gegenüber Gleichgeordneten: Legt auf Teamarbeit besonderen Wert.
4. Führung der Mitarbeiter: Versteht, Mitarbeiter zu überzeugen, setzt sich vorbildlich durch, er wird voll anerkannt. Delegiert Aufgaben und Verantwortung.
5. Wirtschaftliches Handeln: Denkt und arbeitet sehr kostenbewußt und wirtschaftlich.

Karlsruhe, den 30. 3. 1990

(Unterschrift)

Beispiel 3 (Gutes Zeugnis für Industriekaufmann)

Zeugnis

Empfänger(in): Industriekaufmann Albert Müller, geb. am 3. 1. 1942 in Koblenz

Eintritt:	1. 4. 1977 als Sachbearbeiter in der Organisationsabteilung, Sachgebiet Rationalisierung.
Weitere Tätigkeiten:	Am 1. 7. 1978 Beförderung und Versetzung zur Personalabteilung als Abteilungsleiter für analytische Arbeitsplatzbewertung für Arbeiter und Angestellte.
Beendigung des Arbeitsverhältnisses:	30. 3. 1990

Herr Müller scheidet aufgrund eigener fristgerechter Kündigung aus, um in einem anderen Unternehmen eine höherqualifizierte Tätigkeit zu übernehmen. Wir bedauern sein Ausscheiden, danken für die geleistete Arbeit und wünschen ihm beruflich für die Zukunft alles Gute.

Wunschgemäß bescheinigen wir folgendes:

I. Leistungsbeurteilung:

1. Arbeitsgüte: Er arbeitet gründlich, genau und übersieht nichts Wesentliches.
2. Arbeitstempo: Arbeitet zügig.
3. Arbeitsökonomie: Arbeitet umsichtig und zweckmäßig, übersieht nichts Wesentliches.
4. Fachkenntnisse: Umfassende, vielseitige Fachkenntnisse.
5. Arbeitsbereitschaft: Ausgesprochen einsatzbereit, handelt auch ohne äußeren Anstoß. Er ist ein frischer und fröhlicher Mensch, der mit Elan und Optimismus auch schwierige Aufgaben angeht und diese je nach Problematik löst oder Lösungen vorschlägt.
6. Ausdrucksvermögen: Formuliert klar, treffend und überzeugend.

II. Führungsbeurteilung:

1. Verantwortungsbereitschaft: Sehr verantwortungsbewußt und verantwortungsfreudig.
2. Verhalten gegenüber Vorgesetzten: Stets korrekt und loyal.
3. Verhalten gegenüber Gleichgeordneten: Legt auf gute Zusammenarbeit besonderen Wert.
4. Führungsverhalten: Versteht, Mitarbeiter zu überzeugen, setzt sich vorbildlich durch, er wird voll anerkannt, delegiert Aufgaben und Verantwortung.

Karlsruhe, den 30. 3. 1990

(Unterschrift)

Beispiel 4 (Vorbehalt hinsichtlich Sozialverhaltens)

Zeugnis

Empfänger(in):	Frau Anita Kunze geb. am 6. 11. 1962 in Bielefeld
Eintritt:	1. 10. 1983 als Programmiererin
Weitere Tätigkeiten:	Ab 1. 1. 1984 Sachbearbeiterin in der Exportabteilung für die Zielmärkte Banken.
Beendigung des Arbeitsverhältnisses:	31. 3. 1990

Wir danken für die geleisteten Dienste und wünschen ihr beruflich für die Zukunft alles Gute.

Wunschgemäß bescheinigen wir folgendes:

I. Leistungsbeurteilung:

1. Arbeitsgüte: Sie arbeitet äußerst gründlich, genau, zuverlässig und fehlerfrei.
2. Arbeitstempo: Außergewöhnlich schnell und zügig.
3. Arbeitsökonomie: Arbeitet sehr zielstrebig und rational, sie hat organisatorisches Geschick.
4. Fachkenntnisse: Umfassende, vielseitige Fachkenntnisse; Frau Kunze hat eine besondere Begabung für mathematisch-technische Zusammenhänge bei der Erstellung der Software und Problemlösung im Bankengewerbe, wozu sie ihre Note im Reifezeugnis (Mathematik sehr gut, Physik gut) und ihre Ausbildung im EDV-Bereich befähigte. Dank ihrer äußerst schnellen Auffassungsgabe für den Ablauf der Buchungsvorgänge bei einer Bank ist sie in diesere Zielgruppe besonders gut einsetzbar. Doch ist sie sicherlich auch in anderen Sparten des Finanzwesens mit komplizierten Buchungsvorgängen bestens plaziert. Aufgrund ihrer guten englischen Sprachkenntnisse und ihres ausgezeichneten Stils ist sie im Export in englisch sprechenden Ländern besonders gut verwendbar.
5. Arbeitsbereitschaft: Überdurchschnittlich aktiv, ergreift selbständig Maßnahmen.

II. Führungsbeurteilung:

1. Verantwortungsbereitschaft: Sehr verantwortungsfreudig und verantwortungsbewußt.
2. Verhalten gegenüber Vorgesetzten: Stets korrekt und loyal.

3. Verhalten gegenüber Gleichgeordneten: Sie arbeitet lieber für sich, ist kontaktarm und nur an ihrer Arbeit interessiert. Das Verhältnis ist daher etwas kühl und reserviert.

Karlsruhe, den 31. 3. 1990

(Unterschrift)

Beispiel 5 (Vorbehalt hinsichtlich Leistung und Führung)

Zeugnis

Empfänger(in):	Herr Klaus Mahler, geb. am 13. 2. 1950 in Saarbrücken
Eintritt:	Am 1. 6. 1988 als Verkäufer in unserem Autohaus
Weitere Tätigkeiten:	....
Beendigung des Arbeitsverhältnisses:	31. 3. 1990

Wir wünschen ihm für die Zukunft alles Gute.

Wunschgemäß bescheinigen wir folgendes:

I. Leistungsbeurteilung:
1. Arbeitsgüte: Er arbeitet ordentlich und im allgemeinen zufriedenstellend.
2. Arbeitstempo: Er erledigt Arbeiten ohne größeren Zeitverlust.
3. Arbeitsökonomie: Im allgemeinen planvoll, er hat ausreichenden Überblick.
4. Fachkenntnisse: Durchschnittliche Fachkenntnisse.
5. Arbeitsbereitschaft: Er arbeitet mit Interesse, entwickelt durchschnittliche Initiative.
6. Ausdrucksvermögen: Drückt sich klar und gewandt aus.
7. Verhandlungsgeschick: Durchaus geschickt im Verhandeln.

II. Führungsbeurteilung:
1. Verhalten gegenüber Vorgesetzten: Kein Anlaß zu Beanstandungen.
2. Verhalten gegenüber Gleichgeordneten: Arbeitet lieber für sich allein, ist recht kontaktarm.
3. Verhalten gegenüber Publikum: Korrekt und taktvoll.

Karlsruhe, den 31. 3. 1990

(Unterschrift)

Sachregister